JN095045

最新 *Internship* インターンシップ

ニューノーマル時代のキャリア形成

古閑　博美
牛山佳菜代　編著

学　文　社

巻頭言

『老子・列子』[1)]にいう「人生百年，昼夜おのおの分ばなり」[2)]。古代人は何をし，何を考えて過ごしていたのであろうか。労働が貴いという考え方はいつの時代に生まれたのであろうか。働かないで済むなら働きたくないという考えや，楽に儲けたいという考えは時代を問わずあったであろう。

日本は少子高齢化社会形成の先頭を走っており，産業構成や働き方に世界が注目するゆえんであるが，今やロボットテクノロジーを自在に使いこなす人材が不可欠とされる。科学が発達し，「人生100年時代」は人口に膾炙されるようになった。19世紀以降，産業革命の波は生活者に怒涛の勢いで押し寄せ生き方も環境も激変した。情報革命時代となり列子の時代とは異なる100年時代の"読み"が必要である。21世紀に適応可能な教育への関心と改革への機運が高まる中，いかに「昼と夜」に対処すべきかが問われることになる。

人の生理的寿命の限界は，120歳ともそれ以上ともいわれるようになった。長寿時代を「いかに生きるか」は人生の大課題である。人生100年時代は過酷な人生に重なる可能性を孕んでいよう。「いかに働くか働けるのか」「何のために働くのか」「社会にはどんな仕事があるのかないのか」「仕事を生み出すとは」などを直視し，キャリアの構築を図りたい。そこに人びとが成功を求めていることは疑う余地がないであろう。それには，自分の知識や能力，技能などのほか人間的魅力や人生の意義を探求する姿勢が不可欠である。

本書はこれらを踏まえ，これから社会に出る学生，インターンシップ（就業体験）を担当する教職員，インターンシップに取り組む企業人に役立つ専門書というだけでなく，演習や自修に有益な書となるよう工夫した。執筆陣は日本インターンシップ学会東日本支部の有志から成り，インターンシップが我が国に定着するに至る道程や変遷，事例紹介，問題提起，採用選考との関係，パンデミックなど疫病による影響，ICT[3)]化の推進等々，高等教育の受益者が見通すべき事柄を網羅した。読者は幅広い知見と必要な行動力に目覚め，「人生100年時代」の生き方を視野に入れて今から自分の人生設計に取り掛かってほしい。近年，教育の一環としてのインターンシップの位置づけや実学の見地からこの制度を有効活用しようとする産官学界の動きが広がっている。インターンシップの機会は世界中で見出すことができる。

執筆者一同，読者がインターンシップを通して自己の未来ひいては日本と世界の未来を開拓されていくことを切に願います。最後に，本書の出版を提起された学文社社長 田中千津子氏に御礼申し上げます。

2022年壬寅

古閑　博美

注) ————————————————————

1) 『中国の思想』シリーズ第6巻『老子・列子』(奥平 卓，大村益夫 共訳　1996年，徳間書店)

2) 「人生百年，昼夜おのおの分ばなり。われ昼は僕慮となり，苦はすなわち苦なり。夜は人君となり，その楽しみ比なし。何の怨むところあらんや」。この話の結論は，主人(雇用者。上司)は下僕(被雇用者。部下)の仕事を減らし，自分も神経をすり減らさないようにしたので，ともにいくらか苦しみがやわらいだ，というものである。同書，184, 185頁(　)は古閑。

3) "Information and Communication Technology" の略。「情報通信技術」のこと。人とデジタル情報が繋がることを目的とし，課題としている。

目　次

巻頭言　　3

第 1 部　理論編

第1章　インターンシップの目的と意義，インターンシップの変遷 ——————— 10
　1. インターンシップとは　　10
　　　1-1. インターンシップの定義　　10／1-2. インターンシップの新たな位置づけと普及
　　　を図る仕組み　　10
　2. インターンシップの目的　　12
　　　2-1. 産学協議会の提唱するインターンシップの目的　　12／2-2. インターンシップの
　　　目的をどのようにとらえるか　　12／2-3. インターンシップの目的と大学などにおけ
　　　る教育の目的　　13／2-4. 学生にとっての目的である「自らの能力を見極める」こと
　　　の意味　　13
　3. インターンシップの意義　　14
　　　3-1. 大学等と学生の側から見たインターンシップの意義　　14／3-2. 企業等の側から
　　　見たインターンシップの意義　　14
　4. インターンシップの歴史　　15
　　　4-1. インターンシップの起源　　15／4-2. わが国のインターンシップの制度的起点
　　　15／4-3. インターンシップの急速な普及・発展とさまざまな課題　　15／4-4. より
　　　教育的で質の高いインターンシップの志向と推進　　16／4-5. 新たな時代のインター
　　　ンシップを推進するために　　16

第2章　初年次教育・キャリア教育とインターンシップ ——————————— 18
　1. キャリア教育としてのインターンシップについて　　18
　　　1-1. キャリア教育　　18／1-2. キャリア教育の観点から見たインターンシップ　　18
　2. 低学年を対象としたインターンシップの先行研究　　18
　　　2-1. 先行研究　　18／2-2. 先行研究の課題　　19
　3. 低学年を対象としたインターンシップについて―山形大学と山形県中小企業家同友会の
　　　取り組み―　　19
　　　3-1. インターンシップの概要　　19／3-2. 教育的効果を高める工夫　　20／3-3. 教
　　　育的効果について　　22
　4. キャリア教育としてのインターンシップ実施にあたってのポイント　　23
　　　4-1. ポイント①：事前および事後学習　　23／4-2. ポイント②：インターンシップの
　　　プログラム　　23

第3章　インターンシップの種類と特徴 —————————————————— 25
　1. インターンシップの定義の変遷と学生の参加状況　　25
　　　1-1. インターンシップの定義の変遷　　25／1-2. 学生の参加状況　　26
　2. インターンシップの種類と特徴　　27

　　2-1. 業務内容から見たインターンシップの種類と特徴　27／2-2. 期間から見たインターンシップの種類と特徴　28／2-3. 実施形態から見たインターンシップの種類と特徴　29／2-4. 学生のキャリア形成視点から見たインターンシップの種類と特徴　29
　3. インターンシップの今後　31

第4章　企業から見たインターンシップ ———————————————— 32
　1. 企業のインターンシップの歴史　32
　　1-1.「教育」重視で発展してきた日本のインターンシップ　32／1-2. 就職協定の存在と採用に傾斜したインターンシップの発展　32／1-3. 2020年前後のインターンシップのあり方の検討状況　33／1-4. インターンシップ発展に向けた課題　34
　2. インターンシップをどう見極めるのか　34
　　2-1. 企業にとってのインターンシップの効果　34／2-2. インターンシップにおける学生のニーズ　35／2-3. 企業が実施するインターンシップの内容　35
　3. よいインターンシップの実現に向けて　36
　　3-1. インターンシッププログラムの作成に向けて　36／3-2. さまざまなインターンシップ　36／3-3. インターンシップの発展に向けて　37

第5章　インターンシップの教育的効果 ———————————————— 39
　1. 激動社会の中の自己効力感　39
　　1-1. 自己効力感　39／1-2. 自己効力感を高めるインターンシップ　39
　2. インターンシップと「コンピテンシー」　40
　　2-1. コンピテンシー　40／2-2. 社会人基礎力　41／2-3. エンプロイアビリティ　42
　3. インターンシップと「職業統合的学習」　43
　　3-1. 職業統合的学習　43／3-2. 職業統合的な学びの事例　44

第6章　インターンシップの学びをどう活かすか ———————————— 46
　1. インターンシップに参加する意味　46
　2. インターンシップの学びの活かし方　47
　　2-1. インターンシップ活用パターン　47／2-2. インターンシップ活用の事例　48／2-3. インターンシップで意識すべきこと　50

第7章　サービス産業におけるインターンシップ ———————————— 53
　1. サービスの特徴とサービス産業　53
　　1-1. サービスの4つの特徴　53／1-2. マニュアルの重要性　54
　2. 航空会社の場合　56
　　2-1. キャビン・アテンダント　56／2-2. グランド・サービスの場合　58
　3. サービス業におけるインターンシップの参加意識　59

第8章　地方創生とインターンシップ ———————————————— 60
　1. 地方創生の観点から取り組まれているインターンシップについて　60
　　1-1. 地方創生インターンシップについて　60／1-2. インターンシップを活用した地域を担う人材育成　60
　2. 地域のステイクホルダーとの多様な関わりを学びにつなげる—新潟大学の事例—　61
　　2-1. 多様な正課科目, 準正課の取り組み　61／2-2. 経験から得る学び, 気づき　62

　3. 就業体験を地域体験に包含する「地域志向型インターンシップ」—岩手県立大学の事例—　63
　　3-1. 地域志向型インターンシップの特徴　63 ／ 3-2. 地域志向型インターンシップの
　　可能性と課題　65

第9章　SDGs とインターンシップ ————————————————————— 67
　1. SDGs の潮流　67
　　1-1. SDGs に至る流れ　67 ／ 1-2. SDGs と ESD, ESG の関係　68 ／ 1-3. 国内に
　　おける SDGs の現状　68
　2. CSR とサステナビリティの関係　69
　　2-1. CSR　69 ／ 2-2. サステナビリティ　69 ／ 2-3. 経営理念　69 ／ 2-4. CSR
　　と SDGs　70
　3. SDGs とインターンシップの関係　71
　4. CSR 実践企業のインターンシップの事例　71

第10章　インターンシップの広がり ————————————————— 74
　1. さまざまな段階での職場体験—小学生, 中学生, 高校生—　74
　　1-1. 職場体験の重要性　74 ／ 1-2. 職場体験の実施状況と位置づけ　75
　2. インターンシップ参加者の状況と参加時期　75
　　2-1. インターンシップの実施状況　75 ／ 2-2. 大学におけるインターンシップの状況
　　76 ／ 2-3. 短期大学におけるインターンシップの状況　77
　3. インターンシップの早期化の傾向　78
　　3-1. インターンシップ早期化の理由　78 ／ 3-2. インターンシップ早期化の効果
　　78
　4. これからのインターンシップ　78
　　4-1. インターンシップの参加の効果　78 ／ 4-2. インターンシップの多様化　79

第2部　実践編

　Lesson 1　インターンシップに参加するにあたって（心構え）————————— 82
　Lesson 2　キャリアを考える ————————————————————————— 85
　Lesson 3　インターンシップ先の選び方 ——————————————————— 86
　Lesson 4　自己分析 ——————————————————————————————— 87
　Lesson 5　業界・職種・企業研究 ——————————————————————— 88
　Lesson 6　企業へのエントリー（履歴書・エントリーシート）——————— 89
　Lesson 7　魅力行動 ——————————————————————————————— 91
　Lesson 8　挨拶・お辞儀 ———————————————————————————— 93
　Lesson 9　身だしなみチェックポイント ——————————————————— 95
　Lesson 10　事前訪問 ——————————————————————————————— 97
　Lesson 11　話し方・言葉遣い ————————————————————————— 99
　Lesson 12　ビジネスシーンで求められる基本マナー ———————————— 101
　Lesson 13　仕事への取り組み方 ——————————————————————— 103
　Lesson 14　1日のルール ———————————————————————————— 104
　Lesson 15　指示の受け方と報・連・相 ——————————————————— 106
　Lesson 16　質問の仕方 ————————————————————————————— 107
　Lesson 17　グループディスカッションの方法 ——————————————— 108
　Lesson 18　ビジネス文書 ———————————————————————————— 109
　Lesson 19　電話・E メール ——————————————————————————— 112

Lesson 20　機密保持と守秘義務・ネットマナー ―――――――― 118
Lesson 21　オンライン環境への対応 ――――――――――――― 120
Lesson 22　プレゼンテーションの方法 ―――――――――――― 121
Lesson 23　礼状の意味と書き方 ――――――――――――――― 122
Lesson 24　振り返りの方法 ――――――――――――――――― 124
Lesson 25　日報（業務日誌）の書き方 ―――――――――――― 125
Lesson 26　トラブルへの対処方法 ―――――――――――――― 126
Lesson 27　人権環境 ―――――――――――――――――――― 127
Lesson 28　健康管理 ―――――――――――――――――――― 128

第3部　ワークシート

Work 1　目標設定 ―――――――――――――――――――――― 132
Work 2　インターンシップを探す ――――――――――――――― 133
Work 3　自己分析 ―――――――――――――――――――――― 134
Work 4　企業研究 ―――――――――――――――――――――― 135
Work 5　自己PR・志望理由 ――――――――――――――――― 136
Work 6　事前訪問のマナー ――――――――――――――――― 137
Work 7　電話対応 ―――――――――――――――――――――― 138
Work 8　言葉遣い ―――――――――――――――――――――― 139
Work 9　仕事の取り組み方 ――――――――――――――――― 140
Work 10　報告・連絡・相談（報・連・相） ――――――――――― 142
Work 11　送付状・Eメールの書き方 ―――――――――――――― 143
Work 12　プレゼンテーション ―――――――――――――――― 147

資　　料

インターンシップ全体の流れ　　150
　（例）誓約書　　151
　（例）インターンシップに関する協定書　　152
　（例）実習日誌　　154
　（例）報告書　　155

索　　引　　156

第 1 部　理論編

第 1 章

インターンシップの目的と意義, インターンシップの変遷

1. インターンシップとは

1-1. インターンシップの定義

　1997 年に当時の文部省・通商産業省・労働省により「インターンシップの推進に当たっての基本的考え方」がとりまとめられて以降, 大学などにおけるインターンシップは, 長く「学生が在学中に自らの専攻, 将来のキャリアに関連した就業体験を行うこと」と定義されてきた。しかしながら, 2021 年, 近年の社会的な変化や海外のインターンシップの動向, インターンシップの直面するさまざまな課題などを踏まえ,「採用と大学教育の未来に関する産学協議会」(以下,「産学協議会」と記す) が「ポスト・コロナを見据えた新たな大学教育と産学連携の推進」を報告し, 以下のとおり, インターンシップを再定義した。

> 学生が, その仕事に就く能力が自らに備わっているかどうか (自らがその仕事で通用するかどうか) を見極めることを目的に, 自らの専攻を含む関心分野や将来のキャリアに関連した就業体験 (企業の実務を体験すること) を行う活動 (但し, 学生の学修段階に応じて具体的内容は異なる)。

　この定義が「経団連と国公私の大学トップが直接対話をする枠組み」である産学協議会によるもの, それゆえ, 産業界と大学との共通認識・合意であることには, 十分な注意が払われなければならない。なぜならば, このことにより, これまで不連続性のもとにとらえられ, 語られることの多かった, 大学での学びと社会での学び, さらには, 学生から社会人への成長を架橋するインターンシップの新たな可能性が拓かれると考えられるからである。

1-2. インターンシップの新たな位置づけと普及を図る仕組み

　このようなインターンシップの定義に加え, 同報告書は, インターンシップを就職・採用活動ではなく「キャリア形成支援の取組み」として明確に位置づけた上で「学生のキャリア形成支援における産学協働の取組みや多種多様なプログラム」を「タイプ 1」から「タイプ 4」の類型に整理し,「タイプ 3」と「タイプ 4」の類型に分類されるものに大学などにおけるインターンシップを限定することを明記している (図 1.1-1)。さらに, 産学協議会による翌 2022 年の報告書「産学協働による自律的なキャリア形成の推進」は, 大学などにおけるインターンシップの中心となる「タイプ 3」のインターンシップの普及を図る仕組みとして, 基準となる 5 つの要件に準拠したインターンシップにかぎり, 得られた学生情報を採用活動開始後に活用した

◆ 以下の 4 タイプの多種多様なプログラムの実施を通じて、学生のキャリア形成を産学協働で支援。いずれも学生の参加は任意
◆ タイプ 3 ならびにタイプ 4 が「インターンシップ」に該当する活動

類型		タイプ 1：オープン・カンパニー　※オープン・キャンパスの企業・業界・仕事版を想定		
対象		学部生・大学院生向け（学年を問わず）		
主たる目的	学生	企業・業界・仕事を具体的に知る		
	大学企業	企業・業界・仕事への理解促進		

類型		タイプ 2：キャリア教育（プレ・インターンシップを含む）	タイプ 3：汎用的能力・専門活用型インターンシップ	タイプ 4（試行）：高度専門型インターンシップ※試行結果を踏まえ、今後判断
対象		学部生（主に低学年）向け	学部生（主に高学年）・大学院生向け	大学院生向け
主たる目的	学生	自らのキャリア（職業観・就業観）を考える	その仕事に就く能力が自らに備わっているか見極める	自らの専門性を実践で活かし、向上させる（実践研究力の向上等）
	大学企業	能力開発／キャリア教育	マッチング精度向上／採用選考を視野に入れた評価材料の取得	今後拡大が見込まれるジョブ型採用を見据えた産学連携の大学院教育

図 1.1-1　学生のキャリア形成支援における産学協働の取り組み（全体像）

出所：採用と大学教育の未来に関する産学協議会（2021）「ポスト・コロナを見据えた新たな大学教育と産学連携の推進」60 頁

1．産学協議会として、タイプ 3 のインターンシップを行うにあたって最低限遵守すべきと考える基準を周知

(a) 〈就業体験要件〉
必ず就業体験を行う。インターンシップ実施期間の半分を超える日数を職場（※）での就業体験に充てる
※テレワークが常態化している場合、テレワークを含む

(b) 〈指導要件〉
就業体験では、職場の社員が学生を指導し、インターンシップ終了後、学生に対しフィードバックを行う

(c) 〈実施期間要件〉
インターンシップの実施期間は、汎用的能力活用型では 5 日間以上、専門能力活用型では 2 週間以上

(d) 〈実施時期要件〉
学業との両立に配慮する観点から、大学の正課および博士課程を除き、学部 3 年・4 年ないし修士 1 年・2 年の長期休暇期間（夏休み、冬休み、入試休み・春休み）に実施する

(e) 〈情報開示要件〉
募集要項等に、以下の項目に関する情報を記載し、HP 等で公表する
① プログラムの趣旨（目的）
② 実施時期・期間、場所、募集人数、選抜方法、無給／有給等
③ 就業体験の内容（受入れ職場に関する情報を含む）
④ 就業体験を行う際に必要な（求められる）能力
⑤ インターンシップにおけるフィードバック
⑥ 採用活動開始以降に限り、インターンシップを通じて取得した学生情報を活用する旨（活用内容の記載は任意）
⑦ 当該年度のインターンシップ実施計画（時期・回数・規模等）
⑧ インターンシップ実施に係る実績概要（過去 2～3 年程度）
⑨ 採用選考活動等の実績概要　※企業による公表のみ

2．企業・大学が実施するプログラムが上記の基準を満たす場合（産学協議会基準に準拠して企画・運営するタイプ 3 のインターンシップの場合）、以下が可能

① 当該プログラムを通じて取得した学生情報について、採用活動開始後に活用すること
（例：採用活動へのエントリーに関する案内の送付、採用選考プロセスの一部免除等）　※3 省合意の改正が必要

② 募集要項等に、「インターンシップ」と称して「産学協議会基準準拠マーク」を記載すること

図 1.1-2　『産学協議会基準に準拠したインターンシップ』の普及を図る仕組み

出所：採用と大学教育の未来に関する産学協議会（2022）「産学協働による自律的なキャリア形成の推進」39 頁

り，募集要項などに「産学協議会基準準拠マーク」を記載したりすることが可能であることを明らかにしている（図 1.1-2）。

2．インターンシップの目的

2-1．産学協議会の提唱するインターンシップの目的

　産学協議会は「タイプ3」に分類される「汎用的能力・専門活用型インターンシップ」の目的を「しっかりとした就業体験を行うことを通じて，学生にとっては自らの能力を見極めること，企業にとっては採用選考を視野に入れた評価材料を取得すること」であるとしている。同協議会は，さらに，「汎用的能力・専門活用型インターンシップ」の特徴を図1.1-3のようにまとめているが，これに従えば，学生にとっての目的を達成するためのポイントともいえる「しっかりとした就業体験」とは，職場の社員の指導のもと，汎用的能力活用型では5日間以上，専門能力活用型では2週間以上の実施期間の50％を超える日数の就業体験を行い，終了後に学生にフィードバックすることを意味するものと理解できる。また，学生にとっての目的と企業にとっての目的が併記されていることにより，インターンシップの目的には，いわゆるミスマッチを防ぐための，学生と企業との相互理解を確かなものにすることが暗喩されていると考えられる。

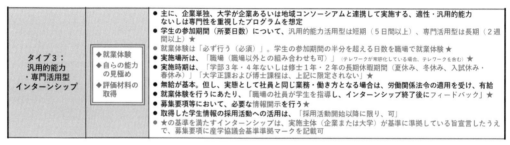

図1.1-3　汎用的能力・専門活用型インターンシップの取り組みの性質と特徴
出所：採用と大学教育の未来に関する産学協議会（2022）「産学協働による自律的なキャリア形成の推進」33頁

2-2．インターンシップの目的をどのようにとらえるか

　「インターンシップの推進に当たっての基本的考え方」がとりまとめられてから現在まで，わが国のインターンシップは，常に大学などにおける教育の一環としてとらえられ，位置づけられてきた。このことは，インターンシップの目的を教育的な視点においてとらえることの必要性を示唆している。実際，「産学協働による自律的なキャリア形成の推進」を踏まえ，2022年に文部科学省・厚生労働省・経済産業省がとりまとめた「インターンシップを始めとする学生のキャリア形成支援に係る取組の推進に当たっての基本的考え方」でも，インターンシップへの大学などの積極的な関与の必要性や大学などの単位として認定することの重要性とともに，インターンシップの「教育目的を明確化」することの必要性が「インターンシップを始めとするキャリア形成支援に係る取組についての留意事項」として指摘されている。このことは，インターンシップの目的を単に教育的な視点においてとらえることの必要性を示唆するだけで

なく，インターンシップの目的が教育的な本質を有するものでなければならないことを端的に示している。すなわち，インターンシップの目的は，教育基本法で規定された教育の目的である「人格の完成」へと通じるものでなければならないのである。

2-3.　インターンシップの目的と大学などにおける教育の目的

このことは，もともと，大学に「社会的及び職業的自立を図るために必要な能力を培うための体制」を整備することが求められていることからも明らかにされる。すなわち，大学の設置に必要となる最低基準を定める「大学設置基準」は，大学が「当該大学及び学部等の教育上の目的に応じ，学生が卒業後自らの資質を向上させ，社会的及び職業的自立を図るために必要な能力を，教育課程の実施及び厚生補導を通じて培うことができるよう，大学内の組織間の有機的な連携を図り，適切な体制を整えるものとする」ことを規定しているのである（第42条の2）。

この規定の「社会的及び職業的自立を図るために必要な能力」を2011年の中央教育審議会答申「今後の学校におけるキャリア教育・職業教育の在り方について」に示された「社会的・職業的自立や社会・職業への円滑な移行に必要な力」と同義のものとしてとらえるのであれば，「社会的及び職業的自立を図るために必要な能力」とは，まさに，小学校・中学校・高等学校の学習指導要領に示される「生きる力」を基礎とし，2008年の中央教育審議会答申「学士課程教育の構築に向けて」に示された「学士力」と関連するもの，したがって，初等段階から高等段階へと至る教育により，継続的・総合的に育成されるものであると考えることができる。

2-4.　学生にとっての目的である「自らの能力を見極める」ことの意味

このように考えたとき，「汎用的能力・専門活用型インターンシップ」の学生にとっての目的とされる「自らの能力を見極める」ことの意味は，単にすべての職業に共通な汎用的能力や特定の職業に固有な専門的能力の自己の現状や可能性を見極めるという意味でなく，これらの能力が必要とされる職業人としての，さらには，これらの能力を含むより多くの包括的・複合的な能力が問われる人間としての成長に向けた課題や生き方を見極めるという意味で理解されなければならないといえよう。言い換えれば，インターンシップを通して見極められる自らの能力とは，現在の能力であるだけではなく，——現在は可能性に過ぎないものであるが——未来に具現化される能力をも含むものとして理解されるべきものなのである。

このことにより，一方では，古閑博美の指摘するとおり「特定の職業に関する現場実習・研修から，働く意欲の喚起，主体的な職業選択のための気づき，礼儀作法，マナー，ストレス耐性等を含む普遍的な社会能力を養成するという目的を含みつつ」インターンシップの機会を拡張することが，他方では，就業の「体験」，すなわち，「知性的な一般化を経ていない点で経験よりも人格的・個性的な意味をもつ」ものとされる「体験」を重視した質の高いインターンシッ

プを根付かせることが希求されるのである。

3．インターンシップの意義

3-1．大学等と学生の側から見たインターンシップの意義

2022年に3度目の改正が行われた「インターンシップの推進に当たっての基本的考え方」（「インターンシップを始めとする学生のキャリア形成支援に係る取組の推進に当たっての基本的考え方」）では，これまで「インターンシップの意義」と記されていたタイトルが「インターンシップを始めとするキャリア形成支援に係る取組の意義」に変更されている。このタイトルのもとに設定される「大学等及び学生にとっての意義」は，「キャリア教育・専門教育としての意義」「教育内容・方法の改善・充実」「高い職業意識の育成」「自主性・独創性のある人材の育成」の4つであるが，これは，改正前と同じである（ただし，「キャリア教育・専門教育としての意義」の具体的な記述は，一部変更されている）。

インターンシップに参加する学生が特に留意しなければならないことは，インターンシップに参加する意義を自ら主体的に見出すことが求められるということである。インターンシップへの参加は，あくまでも自己の主体的な判断によるものであり，採用とは無関係である。それゆえ，インターンシップへの参加は，大学の講義や教育活動への参加と同じく，大学などにおける主体的な「学修」の機会としてとらえられなければならない。

3-2．企業等の側から見たインターンシップの意義

「インターンシップを始めとする学生のキャリア形成支援に係る取組の推進に当たっての基本的考え方」に示された「企業などにおける意義」は，改正前の「実践的な人材の育成」「大学などの教育への産業界などのニーズの反映」「企業などに対する理解の促進，魅力発信」の3つに「採用選考時に参照し得る学生の評価材料の取得」が新たに加えられ，合計4つとなっている。新たに加えられた「採用選考時に参照し得る学生の評価材料の取得」は，産学協議会によるインターンシップの新たな定義に基づくものである。

この「採用選考時に参照し得る学生の評価材料の取得」という意義は，学生のインターンシップへの参加が「企業などにとっては，学生の仕事に対する能力を適正に評価するとともに，採用選考活動時における評価材料を取得することができる」ようになったということである。しかしながら，企業がこの意義を十分に生かすためには，適切なプログラムの策定や担当する社員の育成などの努力が不可欠である。

4．インターンシップの歴史

4-1．インターンシップの起源

　インターンシップの起源の考え方にはさまざまな立場があるが，一般的には，1906年，シンシナティ大学の工学部長シュナイダー（Schneider, H.）による地元の工作機械メーカーへの勤務を学生に体験させた'CO-OP'（Cooperative Education Program）教育に由来するものといわれる。しかしながら，英語の'Intern'を「実習生」と訳すことが可能であることに着目すれば，わが国のインターンシップの起源は，教育実習や工場実習，看護実習，医師の臨床研修制度などに求めることもできる。たとえば，教育実習の起源は，1881年の「師範学校教則大綱」に示された「実施授業」である。また，岩井貴美によれば，工場実習の起源は，工部大学校（現東京大学工学部）における「授業と実習を繰り返す教育効果を上げるサンドイッチ・システム」の導入であるとされる。

4-2．わが国のインターンシップの制度的起点

　わが国にインターンシップが導入されたのは，1990年代の後半であるといわれているが，制度的には，1997年の「経済構造の変革と創造のための行動計画」と「教育改革プログラム」を踏まえ，同年，当時の文部省・労働省・通商産業省により「インターンシップの推進に当たっての基本的考え方」がとりまとめられたことを起点とすることができる。現在に至るわが国のインターンシップの歴史は，この「インターンシップの推進に当たっての基本的考え方」を基礎に展開されてきたといっても過言ではない。このことは，このとりまとめが目的・内容・方法のあらゆる面で多様な発展の可能性をもつインターンシップの望ましい発展の方向性を指し示してきたものであると同時に，インターンシップの推進にかかわる政府・大学など・産業界に「共通した基本的認識及び今後の推進方策の在り方をとりまとめたもの」としてとらえていることからも，端的に知ることができる。

4-3．インターンシップの急速な普及・発展とさまざまな課題

　この後，インターンシップは，政府・大学など・産業界による大きな後押しにより，急速な普及と発展を遂げた。このことは，たとえば，就職みらい研究所が『就職白書』の結果を中心に作成した「インターンシップ参加率の推移イメージ」からも，容易に知ることができる（図1.1-4）。

　しかしながら，この時期のインターンシップの普及・

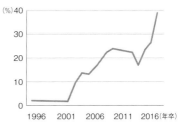

※「就職白書」の結果を中心に作成。一部数値確認のできない年度については傾向把握のため実線で表記

図1.1-4　インターンシップ参加率の推移イメージ

出所：岡崎仁美編（2016）『就職白書2016』27頁

促進により，受け入れ企業の拡大，実施期間の長期化，大学などの積極的な関与など，インターンシップの推進にかかわるさまざまな課題が顕在化した。これらの課題や社会状況，さらには，大学改革推進に向けた意義などを踏まえ，「インターンシップの推進に当たっての基本的考え方」が 2014 年に改正された。このときの改正により，インターンシップは，「キャリア教育・専門教育としての意義」が加えられるなど，教育の一環としての位置づけをより明確なものにしたといえる。

4-4．より教育的で質の高いインターンシップの志向と推進

翌 2015 年に「インターンシップ等の実施（開始）時期」にかかわる軽微な改正が行われた後，このとりまとめの改正は 2022 年まで行われていない。しかしながら，2017 年には，文部科学省・厚生労働省・経済産業省により「『インターンシップの更なる充実に向けて　議論の取りまとめ』などを踏まえた『インターンシップの推進に当たっての基本的考え方』に係る留意点について〜より教育的効果の高いインターンシップの推進に向けて〜」が発出され，より教育的効果の高いインターンシップを実施するための留意点として，「1. 就業体験を伴わないプログラムをインターンシップと称して行うことは適切ではない」「2. より教育的効果の高いインターンシップの推進を図る」の 2 つをあげている。これらは，ともに教育の一環としてのインターンシップの質的な向上を図るための留意点であり，大学などの積極的な関与を必要とするものといえよう。

4-5．新たな時代のインターンシップを推進するために

2022 年に改正された「インターンシップの推進に当たっての基本的考え方」は，タイトルが「インターンシップを始めとする学生のキャリア形成支援に係る取組の推進に当たっての基本的考え方」に変更されたことだけをみても，キャリア教育との関連が強く意識されたものであることがわかる。

VUCA 時代[1]，Society 5.0 時代[2]などとも称される時代の中で，学生の自律的なキャリア形成をより効果的に支援するためにも，産・官・学の連携を強化することへの期待は，ますます高まっている。2022 年の全面改正は，まさにこの期待に応えるためのもの，より端的にいえば，これまで以上に教育的で自己の能力を見極めることのできる「質の高いインターンシップ」を推進するためのものであり，インターンシップの更なる充実を促進させるためのものであると考えることができる。

（山口圭介）

注) —————————————————

1)　VUCA（Volatility：変動性，Uncertainty：不確実性，Complexity：複雑性，Ambiguity：曖昧性）
2)　狩猟社会を Society 1.0 とし，農耕社会→工業社会→情報社会に続く，新たな未来社会として Society 5.0 が「第
　　5 期科学技術基本計画」で提唱された。

引用・参考文献

岩井貴美（2019）「大学教育におけるインターンシップの研究：キャリア発達課題の視点から」近畿大学博士学位論文
　　（https://kindai.repo.nii.ac.jp/?action=pages_view_main&active_action=repository_view_main_item_
　　detail&item_id=20549&item_no=1&page_id=13&block_id=21：20220908 最終閲覧）
岡崎仁美編（2016）『就職白書 2016』就職みらい研究所（https://shushokumirai.recruit.co.jp/wp-content/uploads/
　　2016/04/hakusyo2016_up.pdf：20220908 最終閲覧）
勝野正章・窪田眞二・今野健一ほか編（2021）『教育小六法』学陽書房
亀野淳（2021）「日本における大学生のインターンシップの歴史的背景や近年の変化とその課題：『教育目的』と『就
　　職・採用目的』の視点で」（https://www.jil.go.jp/institute/zassi/backnumber/2021/08/pdf/004-015.pdf：
　　20220908 最終閲覧）
古閑博美編著（2011）『インターンシップ：キャリア教育としての就業体験』学文社
採用と大学教育の未来に関する産学協議会（2021）「ポスト・コロナを見据えた新たな大学教育と産学連携の推進」
　　（2020 年度報告書）（https://www.sangakukyogikai.org/_files/ugd/4b2861_80df016ea6fe4bc189a808a51bf444ed.
　　pdf：20220908 最終閲覧）
採用と大学教育の未来に関する産学協議会（2022）「産学協働による自律的なキャリア形成の推進」（2021 年度報告書）
　　（https://www.sangakukyogikai.org/_files/ugd/4b2861_80df016ea6fe4bc189a808a51bf444ed.pdf：20220908
　　最終閲覧）
中央教育審議会（2011）「今後の学校におけるキャリア教育・職業教育の在り方について」ぎょうせい
文部省・通商産業省・労働省（1997）「インターンシップの推進に当たっての基本的考え方」（https://www.jil.
　　go.jp/jil/kisya/syokuan/970918_01_sy/970918_01_sy_kihon.html：20220908 最終閲覧）
文部科学省・厚生労働省・経済産業省（2014）「インターンシップの推進に当たっての基本的考え方」（平成 26 年一
　　部改正）（https://www.mext.go.jp/component/a_menu/education/detail/__icsFiles/afieldfile/2014/04/18/
　　1346604_01.pdf：20220908 最終閲覧）
文部科学省・厚生労働省・経済産業省（2015）「インターンシップの推進に当たっての基本的考え方」（平成 27 年一
　　部改正）（https://www.mext.go.jp/component/a_menu/education/detail/__icsFiles/afieldfile/2015/12/15/
　　1365292_01.pdf：20220908 最終閲覧）
文部科学省・厚生労働省・経済産業省（2017）「『インターンシップの更なる充実に向けて　議論の取りまと
　　め』等を踏まえた『インターンシップの推進に当たっての基本的考え方』に係る留意点について～より教
　　育的効果の高いインターンシップの推進に向けて～」（https://www.mext.go.jp/content/20210125-mxt_
　　senmon02-000012347_12.pdf：20220908 最終閲覧）
文部科学省・厚生労働省・経済産業省（2022）「インターンシップを始めとする学生のキャリア形成支援に係る取
　　組の推進に当たっての基本的考え方」（https://www.mext.go.jp/a_menu/koutou/sangaku2/20220610-mxt_
　　ope01_01.pdf：20220908 最終閲覧）

第 2 章

初年次教育・キャリア教育とインターンシップ

　本章では，キャリア教育の観点から取り組まれている低学年（大学1年生）を対象としたインターンシップを取り上げ，インターンシップに参加することの意義と教育的効果を高める上で必要な点について述べる。

1. キャリア教育としてのインターンシップについて

1-1. キャリア教育

　キャリア教育とは「学生の社会的自立，職業的自立に向けて必要な基盤となる能力・態度を育成し，勤労観や職業観を醸成することを目指す教育」[1]である。キャリア教育では，学生が大学で何を学び，将来どのような職業に就きたいかを考える機会が持てるように，インターンシップを含めた多様な体験の充実が図られてきた。

1-2. キャリア教育の観点から見たインターンシップ

　インターンシップとは「学生がその仕事に就く能力が自らに備わっているかどうか（自らがその仕事で通用するかどうか）を見極めることを目的に，自らの専攻を含む関心分野や将来のキャリアに関連した就業体験（企業の実務を経験すること）を行う活動」[2]である。インターシップ体験は，学生が将来をイメージし，社会や職業に対する認識を深め，大学で学ぶことの意義を考える上で有効である。そのため，キャリア教育の観点から大学1，2年生の低学年の時期にインターンシップに参加することが望ましいとの提言がなされている（文部科学省，2017）。早期からインターンシップに参加することにより，広く社会や仕事に対する理解を深め，なぜ働くのか，どのような仕事をしたいのかなど，働く意味に対する個人の主観的な評価や認識である「内的キャリア」[3]について考える機会となることから，社会に出る前の準備段階（キャリア探索）においても重要といえる。

2. 低学年を対象としたインターンシップの先行研究

2-1. 先行研究

　キャリア教育の観点から，インターンシップへの参加が望まれている低学年を対象にしたインターンシップの先行研究を概観する。低学年に対するインターンシップの意識調査（岩井，2017；川端，2015）では，インターンシップへの関心が高く，インターンシップを通じて「自

分の知らない能力を得たい」や「自己成長したい」などの成長願望があることが報告されている。次に，学部 1，2 年生からの長期インターンシップの実践事例（亀野・梶・川上，2017；高澤・西條，2016）では，参加学生の満足度が高く，キャリア設計に役立ったと回答した割合が高いことが報告されている。そして，低学年を対象としたインターンシップ参加後に実施した調査報告（岩井，2019；岡本・園田・曽我・深堀・埒，2019）では，社会人基礎力[4]の伸長，学ぶ意欲の向上につながっていたことが明らかになっている。

2-2．先行研究の課題

　先行研究の課題としては，意識調査や参加後の一時点のみの検証に留まっており，インターンシップ参加前後の比較ができていない。また，プログラムとの関連性についても明らかにされていない。大学 1 年生および 2 年生のインターンシップ参加率は，大学 3 年生と比べて低い状況（文部科学省，2020）にあり，低学年を対象としたインターンシップの研究は少なく，今後さらなる研究が必要である。

3．低学年を対象としたインターンシップについて ―山形大学と山形県中小企業家同友会の取り組み―

　本章で取り上げる低学年インターンシップは，山形大学と山形県内の中小企業団体である山形県中小企業家同友会[5]が連携して取り組んでいるインターンシップである。本インターンシップは，学生の能力伸長に寄与するなどの高い教育的効果を発揮し，他の大学や企業などの参考になる低学年インターンシップのモデルとして，文部科学省の「大学等におけるインターンシップ表彰（平成 30 年度）[6]」で最優秀賞（文部科学大臣表彰）を受賞している。

3-1．インターンシップの概要

　本インターンシップは，全学部の 1 年生を対象にした選択必修科目の授業である。運営は，教員 2 名とピアメンター（以前に本インターンシップを履修した学生）3 ～ 4 名および中小企業家同友会の事務局で行っている。

　本インターンシップの到達目標は，「働くとは何か」や「中小企業の魅力とは何か」「インターンシップ体験での学びを踏まえた今後の大学生活をどのように過ごしていくか」について，自分自身の言葉で説明できるようになることである。

　全体のスケジュールは，4 月から 7 月まで事前学習を行い，事前学習では，履歴書の作成，ビジネスマナー講座，受入企業の企業研究などを行う。8 月上旬には学生が受入企業に事前訪問を行い，9 月上旬から中旬の期間内にインターンシップ（3 日間）に参加する。9 月下旬には事後学習として受入企業を招いて成果報告会を行い，学生がインターンシップで学んだことを

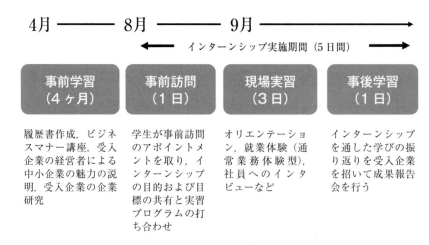

図 1.2-1　低学年インターンシップのスケジュールと内容

出所：松坂・山本（2020a；2020b）を参考に筆者らが作成

報告する（図 1.2-1）。

3-2. 教育的効果を高める工夫

　インターンシップの教育的効果を高めるためには，① 実施目的の明確化，② 適切なプログラムの設計，③ 企業の現場などでのリアルな体験，④ 学生の目標設定，フィードバック，振り返り，の 4 点が不可欠とされている（経済産業省，2013）。また，松坂・山本（2019）は，低学年を対象としたインターンシップの教育的効果を高める上で，特にプログラム開発が重要であり，大学教育の観点からも，大学が主体者となりプログラム開発に取り組むことの必要性を指摘している。そこで本インターンシップは，これらの点を参考にして，教育的効果を高めるた

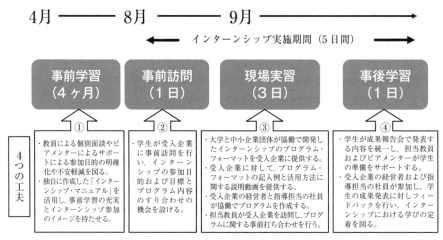

図 1.2-2　低学年インターンシップの教育的効果を高める工夫

出所：松坂・山本（2020a；2020b）を参考に筆者らが作成

めに以下の 4 点を工夫し，体系的に取り組んでいる（図 1.2-2）。

1 つ目は，事前学習である。対象者が入学間もない大学 1 年生のため，学習への動機付けを高めるためのきめ細かい指導を行っている。まず，担当する 2 名の教員が個別面談を実施する。また，ピアメンターが自身の体験を踏まえて学生のサポートを行っている。これらの取り組みを通して，学生のインターンシップ参加目的および目標を明確にした上で，インターンシップに対する不安の軽減を図っている。学生の事前学習の充実と円滑なインターンシップの参加をサポートするために，独自の「インターンシップ・マニュアル」を作成し活用している。

マニュアルの具体的な内容としては，事前準備のポイント，事前訪問やインターンシップ中の注意点，基本的なビジネスマナーなどをチェックシート形式で学生自身が確認できるようにしている。特にビジネスマナーについては，アルバイト経験がないことや社会人との接点が少ないためインターンシップに参加する上での不安の声が多くあった。そのため，事前学習では，マニュアルを使用し，ビジネスマナーについて何度も練習する機会を設けている。その他としては，以前参加した学生がインターンシップ中に受入企業の指導担当者から評価された点や注意を促された点などを記載している。2020 年に発生した新型コロナウイルス感染症拡大を踏まえて，インターンシップ中に起こるさまざまなリスクを提示し，学生がリスクをイメージしながら，総合的に考え行動ができるように内容を追加している。そして，想定外の緊急事態に備え，学生に受入企業の指導担当者および担当教員に報告・連絡・相談を行う重要性を強調し実践させている。これら「インターンシップ・マニュアル」を活用した指導により，学生がインターンシップ参加までの具体的な流れや準備をイメージできるようにしている。

2 つ目は，インターンシップ参加前の事前訪問である。本インターンシップは，キャリア教育の観点から，就業観の形成および進路選択において視野を広げることを目的として，学生のインターンシップ先に関する希望は取らず，担当教員が学生の居住地から通勤しやすい受入企業をピックアップし，マッチングしている。そのため，事前訪問では，受入企業の経営者や指導担当者が，学生の参加目的および目標を聞き，それらを踏まえてプログラム内容とのすり合わせを行っている。これは，インターンシップを採用（人材確保）の手段ではなく，教育の一環として受入れている中小企業団体だからこそ可能な手法であるといえる。

3 つ目は，プログラム作成である。大学と中小企業団体が協働し，インターンシップのプログラム・フォーマットを開発し活用している（表 1.2-1）。これは，受入企業や受入れを検討している企業が，プログラムの企画・設計を含めた準備に負担を感じており，大学側の支援を求める声を反映したものである。受入企業は，プログラム・フォーマットを活用し，経営者と指導担当の社員が協働でプログラムを作成している。

プログラム・フォーマットの活用にあたっては，受入企業に対して記入例と活用方法に関する説明動画を提供している。併せて，担当教員が受入企業を訪問し，プログラムに関する事前

表 1.2-1 インターンシップのプログラム・フォーマット

NO	項目	内容
1	インターンシップとは	同友会の考えるインターンシップの意義や目的について理解するフォーマット。
2	自社概要	インターンシップ指導担当者が，インターンシップ参加学生に自社の概要について理解を深めることができるように説明するためのフォーマット。
3	仕事理解と自己理解	インターンシップ指導担当者がなぜ働くのか，やりがいは何か，中小企業の魅力とは何かなどを言語化する事で目指すべき自分像を描き，学生に説明できるように整理するためのフォーマット。
4	実習計画	インターンシップ受入による自社・部門・自身の目的や目標を整理し，学生の目的や目標とすり合わせしながら，指導内容やスケジュールなどの実習計画を作成するためのフォーマット。
5	実習報告	学生に対するフィードバック内容を整理した上で，インターンシップを振り返り，自身の成果や課題，学びを言語化し，上司からのフィードバックを受けるためのフォーマット。

出所：松坂・山本（2019；2020b），松坂・山本・小野・野田（2019）を参考に筆者らが作成

打ち合わせを行っている。そして，指導担当の社員は，インターンシップに参加する学生に働く意味や中小企業の魅力を伝えることができるように，プログラムを作成する中で，なぜ働くのか，やりがいは何か，自社を含む中小企業の魅力とは何かについて考え，言語化を行う。これらのプログラム作成を通じて，受入企業で指導を担当する社員の内的キャリアが明確になるように，プログラム作成と関連づけ，体系化している点が特徴である。

　4つ目は，事後学習である。インターンシップ参加後に成果報告会を行っている。学生が成果報告会で発表する内容は，学生の学びを深めるために項目を統一している。具体的には，① 実習内容，② 個人目標の達成度，③ 中小企業に対するイメージ変化の有無，④ 働く意味，⑤ 中小企業の魅力，⑥ インターンシップでの学びを大学生活でどのように活かしていくか，の6点である。学生は，発表内容の作成を通して，インターンシップで経験したことを振り返り，働くとは何か，中小企業の魅力とは何かについて言語化し，学生自身の内的キャリアを明確にしていく。これらの作成準備にあたっては，担当教員およびピアメンターが関わり，学生の気づきや学びが深まるようにサポートしている。また，成果報告会には，受入企業の経営者および指導担当の社員に参加してもらい，学生の成果発表に対するフィードバックを行うことで，インターンシップにおける学びの定着を図っている。

3-3．教育的効果について

　次に，本インターンシップを通じた学生の教育的効果について述べる。2018年のインターンシップ参加学生（39名）に対して，参加前後に実施した調査の結果（松坂・山本，2019）では，参加満足度が89.7％であり，89.8％の学生が中小企業に対するイメージがポジティブに変化していた。また，インターンシップ参加学生は，インターンシップ不参加学生（35名）に比べ，キャリア意識[7]が向上し，社会人基礎力が伸長していた。次に，インターンシップ参加学生の

「働く意味」に関する自由記述を質的に分析した結果,「生活のためだけでなく自己成長につながるもの」「他者との関係性が大切」「やりがいなど仕事を通して得られるものが多い」の3つに分類された。さらに,インターンシップ参加学生の中小企業に対する理解促進が確認された。「中小企業の魅力」についての自由記述を質的に分析した結果,「働く環境と雰囲気の良さ」「やりがいや誇り」「人との距離やつながり」の3つに分類された。また,2020年のインターンシップ参加学生が,インターンシップ体験を踏まえた今後の大学生活につながる学びについて自由記述を質的に分析した結果(松坂・山本,2021),「新たな探索行動」「自分の強みを磨く」「知識とスキルの獲得」の3つに分類された。

　同様のスケジュールとプログラムで取り組み,学生の教育的効果を検証した報告(山本・松坂,2022)においても,キャリア意識が向上し,社会人基礎力が伸長していた。これらの結果は,松坂・山本(2019)の報告と同様の結果が得られており,再現可能性を示すものといえる。こうした学生の教育的効果が得られたのは,前述した事前および事後学習の工夫や中小企業団体と協働開発したプログラム・フォーマットの活用などによる組織的,体系的な取り組みによるものと考えられる。

4．キャリア教育としてのインターンシップ実施にあたってのポイント

　キャリア教育として,特に低学年を対象としたインターンシップを実施するにあたり,次の2点がポイントになる。

4-1．ポイント①：事前および事後学習

　1つ目は,事前および事後学習である。キャリア教育の観点からは,学生の教育的効果を高める上で,インターンシップ参加前後の学習を充実させることが重要である(山本・松坂,2020a)。山岸・岡田(2019)は,事前学習において,学生がインターンシップの参加目的を明確にした上で,失敗を恐れず積極的にインターンシップの中で行動できるように準備させることが必要だと述べている。江藤(2007)は,インターンシップを単なるイベント体験で終わらせないように,事後学習の中で,参加前に立てた目標が達成できたかを振り返り,学びや気づきを言語化することの重要性を指摘している。そのため,これらを組織的・体系的に取り組むことがポイントになる。

4-2．ポイント②：インターンシップのプログラム

　2つ目は,インターンシップのプログラムである。本章で取り上げたインターンシップでは,キャリア教育の観点から,働く意味に対する個人の主観的な評価や認識である内的キャリアに焦点をあてたプログラムを作成している。このプログラムの中で,学生が「働くとは何か」や

「中小企業の魅力とは何か」について複数名の社員に質問し，社員が答える一連の関わりを通じ，相互作用として学生だけでなくインターンシップに関わる社員の内的キャリアも明確になる（松坂・山本・小野・野田，2019；松坂・山本，2020b）。このように，学生だけでなく社員もともに学び育つインターンシップを産学連携で取り組むことにより，学生に対する教育的効果がいっそう高まるものと考えられる。

（松坂暢浩・山本美奈子）

注)

1) 文部科学省 (2004)「キャリア教育に関する総合的調査研究者会議報告書」
2) 文部科学省・厚生労働省・経済産業省 (2022)「インターンシップを始めとする学生のキャリア形成支援に係る取組の推進に当たっての基本的考え方」
3) Schein, E. H. 著・金井寿宏訳 (2003)『キャリア・アンカー——自分のほんとうの価値を発見しよう』白桃書房
4) 経済産業省編 (2010)『社会人基礎力育成の手引き』朝日新聞出版
5) 山形県中小企業家同友会 (https://yamagata.doyu.jp/：20221027 最終閲覧)
6) 文部科学省 (2018)「大学等におけるインターンシップ表彰 受賞大学等取組概要（平成 30 年度)」
7) 下村英雄・八幡成美・梅崎修・田澤実 (2009)「大学生のキャリアガイダンスの効果測定用テストの開発」『キャリアデザイン研究』(5)：127-139

引用・参考文献

岩井貴美 (2017)「早期インターンシップのキャリア教育に関する一考察——近畿大学を事例として」『近畿大学商学論究』15 (2)：1-11
岩井貴美 (2019)「大学生低学年におけるインターンシップの考察——職場の他者からの支援と自ら学ぶ意欲との関連性—」『インターンシップ研究年報』(21)：11-19
江藤智佐子 (2007)「インターンシップ実習後研修の発展可能性について」『インターンシップ研究年報』10：45-49
岡本隆・園田雅江・曽我亘由・深堀秀史・垰康介 (2019)「短期インターンシップによる社会人基礎力自己評価の変化」『2019 年秋季全国研究発表大会要旨集』195-198
亀野淳・梶栄治・川上あい (2017)「経済同友会と連携した低学年・長期インターンシッププログラムの実施：北海道大学における取組みを中心に」『高等教育ジャーナル』(24)：173-179
川端由美子 (2015)「大学初年次生に対するインターンシップの意識調査」『インターンシップ研究年報』18：25-30
経済産業省 (2013)「教育的効果の高いインターンシップの普及に関する調査」
高澤陽二郎・西條秀俊 (2016)「長期インターンシップの教育的効果」『京都大学高等教育研究』22：103-106
松坂暢浩・山本美奈子 (2019)「中小企業インターンシップの教育的効果の検討——低学年次を対象としたプログラムに着目して—」『キャリアデザイン研究』15：17-29
松坂暢浩・山本美奈子・小野浩幸・野田博行 (2019)「中小企業団体と大学の産学連携インターンシップ——企業調査による満足度および人材育成の観点から—」『産学連携学』15 (2)：55-63
松坂暢浩・山本美奈子 (2020a)「産学連携による共育型インターンシップの取り組み——中小企業の事例からみたインターンシップ受入れの意義—」『企業環境研究年報』25：149-163
松坂暢浩・山本美奈子 (2020b)「低学年を対象とした教育的効果の高いインターンシップの取組み——大学と中小企業団体による産学連携教育の事例を基に—」『山形大学高等教育研究年報』14：24-30
松坂暢浩・山本美奈子 (2021)「低学年を対象としたインターンシップの教育的効果の検証——これからの大学生活で生かすインターンシップでの学びに着目して—」『山形大学高等教育研究年報』15：11-18
文部科学省 (2017)「インターンシップの更なる充実に向けて 議論の取りまとめ」
文部科学省 (2020)「令和元年度大学等におけるインターンシップ実施状況について」
山本美奈子・松坂暢浩 (2022)「低学年インターンシップにおけるキャリア意識の変化——事前学習の質問行動に焦点をあてて—」『キャリアデザイン研究』18：63-72
山岸由紀・岡田昌毅 (2019)「短期インターンシップ経験による大学生の職業意識の変化に関する探索的研究」『キャリアデザイン研究』15：59-72

第 3 章

インターンシップの種類と特徴

　1990 年代末以降，日本におけるインターンシップは，「学校教育と職業生活の接続」を目指して，さまざまな形で普及と促進が図られてきた。今日では，大学生の約 7 割が参加しており（内閣府，2021），学生のうちにインターンシップに参加することが，ある意味通過儀礼のようになっている。しかしながら，近年のインターンシップはかなり多様化しており，その種類によって得られることや実現できることが異なっていることに留意する必要がある。

　そこで，本章では，インターンシップの定義について確認した上で，現在行われているインターンシップの主な種類とその特徴について整理する。その上で，新卒採用の今後のあり方を検討することを目的に，日本経団連と国公私立大学のトップで組織された協議会「採用と大学教育の未来に関する産学協議会」（以下，産学協議会）（詳細については第 1 章を参照）が示した新たな類型について解説する。それらを踏まえて，インターンシップの今をとらえ，今後を展望する。

1. インターンシップの定義の変遷と学生の参加状況

1-1. インターンシップの定義の変遷

　日本におけるインターンシップの定義は，第 1 章でも述べたとおり，1997 年の「インターンシップの推進に当たっての基本的考え方」（文部省，通商産業省，労働省，いずれも当時）（以下，三省合意）における「学生が在学中に自らの専攻，将来のキャリアに関連した就業体験を行うこと」が元となっている。2014 年，2015 年にキャリア教育としての位置づけを明確化するなどの観点から本資料が改訂された際には，インターンシップの定義自体は変更されなかったが，2022 年の改訂版において，定義の見直しが行われている。

　その背景には，2013 年から採用選考活動の開始時期の変更がたびたび行われるなかで，就業体験を伴わない「1day インターンシップ」が急速に増加したことがあげられる。この状況を受けて，産学協議会より「企業・学生・大学および社会が理解する内容と期待に少なからず隔たりが生じており，インターンシップの目的・意義・内容について産学および社会的な共通認識を検討し，改めて確立していく必要がある」（産学協議会，2020）との問題提起がなされ，インターンシップとは「学生が，その仕事に就く能力が自らに備わっているかどうか（自らがその仕事で通用するかどうか）を見極めることを目的に，自らの専攻を含む関心分野や将来のキャリアに関連した就業体験（企業の実務を体験すること）を行う活動（但し，学生の学修段階

に応じて具体的な内容は異なる）」であるとされた。この提言を受けて，2022 年の三省合意改訂
版の定義が見直されることとなったのである。

1-2．学生の参加状況

　次に，学生の参加状況について見ていく。内閣府調査によれば，2021 年度における学生の
インターンシップ参加率は 7 割を超えており，5 割強の学生は複数回参加したと回答している
（内閣府，2021）。複数の企業へのインターンシップが恒常化している状況がうかがえる。

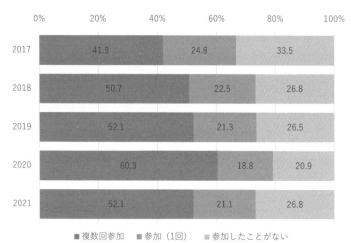

図 1.3-1　学生のインターンシップ参加状況（回数）
出所：内閣府（2021）

　参加回数が増加している一方で，参加日数は短期化が進んでいる。各就職情報サイトにおけ
るインターンシップ情報を閲覧すると，掲載プログラムの大半は「1day 仕事体験」と称され

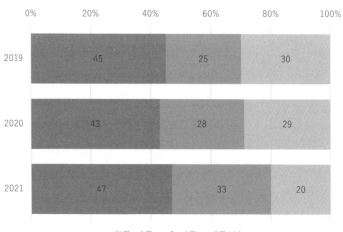

図 1.3-2　学生のインターンシップ参加状況（日数）
出所：内閣府（2021）

る半日から1日のごく短期間のものである。先に述べた調査でも，参加日数が半日・1日程度にとどまっている学生が多い。

　以上より，インターンシップの現状をとらえた分類を行うためには，厳密にはインターンシップに含まれないごく短期のものも含める必要があると考えられる。

2. インターンシップの種類と特徴

2-1. 業務内容から見たインターンシップの種類と特徴

　業務内容から分類すると，① 現場実践（業務補助）型，② プロジェクト（課題解決）型，③ 職場体験型，④ 会社説明・セミナー型の4つに分けられる。厳密にいえば，①②がインターンシップといえるが，先に述べたように，実際に参加する学生が多いのは③④である。

① 現場実践（業務補助）型

　実際に職場で業務を行うプログラムである。営業同行，事務サポートなどあらゆる業務が対象となる。長期間のものになると，実際に一つの事業を任される場合もある。期間としては，2週間から数ヵ月，1年以上に及ぶものもある。現場に即して実際の業務を理解することができ，自分がその業務に向いているのかを判断しやすい。一方，仕事を覚えるには一定の期間を必要とするため，ある程度長期的に参加することが必須となり，複数の掛け持ちは難しい。学業との両立を図ることが必須要件となる。

② プロジェクト（課題解決）型

　実際の業務に即したテーマが与えられ，その課題に対する解決策について，グループワーク，グループディスカッションを通じて検討し，プレゼンテーションを行うプログラムである。主な内容としては，学生数人でグループになって新規企画の立案や社内課題の解決策などの検討を行い，グループディスカッション，データ分析などをして最終的に社長や社員に向けて発表するというものが多い。期間としては，1週間〜1ヵ月程度のものが多く，業務の擬似体験を行うことで，自分の適性をある程度把握することができる。大学混合で行われるプログラムの場

プロジェクト（課題解決）型インターンシップでのグループディスカッションの様子

合は，他大学の学生とともに課題に取り組むことになるため，新たなネットワークの構築にも有効である。一方，企業の実務を体験するわけではないので，現実とのギャップが生じやすい。

③ 職場体験型

インターンシップ先もしくは第三者機関（各地域のインターンシップ協議会など）で簡単な教育を受けた後，企業の実際の業務を体験するというものである。1日から数日間で行われることが多い。職場の雰囲気や具体的な仕事内容について短期間で理解できるが，業務は短期間で行う単純な内容に限定されるために，自分の適性を知るまでには至らないことが多い。

④ 会社説明・セミナー型

業界・企業理解を目的として，会社の事業内容の説明やセミナーを受けることが中心となるプログラムである。主な内容としては，社員による業務内容や業界の状況などの説明，社員との交流，ディスカッションなど。オフィス見学が含まれる場合もある。期間としては，1日から数日間のものが多く，最近はオンラインで実施されるプログラムも増加している。

視野拡大に加えて，業界・企業の知識を得たい場合に気軽に参加でき，複数社に参加しやすいというメリットがある一方，企業の実務に携わることができず，社員との直接的な交流を持つ機会も少ないため，業界や企業のことを深く知るまでには至らない場合が多い。

2-2．期間から見たインターンシップの種類と特徴

短期，長期の区分は，大学や機関によってさまざまである。ここで示しているのは一例であることに留意されたい。

① 短期

1週間から2週間前後。職場体験，プロジェクト（課題解決）などが主な内容となり，それらが複数組み込まれることもある。なお，大学で単位認定を行うプログラムの場合は，2週間以上が要件となることが多い。

② 長期

1ヶ月以上，企業によっては，半年から1年以上に及ぶ場合もある。長期プログラムのほとんどは，現場実践（業務補助）型であり，有給で行われることも多い。欧米企業では長期が主流であり，インターンシップを通じて企業側が学生の分析力やリーダーシップ能力を見極め，その後採用に至るケースが多い（大島，2017）。

③ 超短期（半日〜1日程度）

元々，インターンシップは業務補助型で1週間以上のものが基本となっていたが，2017年に経団連が指針を改定し，インターンシップの最低日数要件「5日以上」を撤廃したことで，1日で完結するインターンシップが急速に普及した。学生から見れば，気軽に参加でき，短時間で多くの企業情報を手にできること，企業から見れば，長期インターンシップに比べて手軽

に実施できるという点で，両者のニーズがマッチしたと考えられる。

　しかしながら，インターンシップのイメージとかけ離れていること，また，実質上の会社説明会，早期選考になっているとして問題となったため，2022 年度採用より，経団連より実際の仕事の体験を伴わない「1day インターンシップの禁止」が発表された。そこで各就職情報サイトは，他のインターンと区別するために「1day 仕事体験」という名称を用いるようになったが，学生から見ると，1 日のものもインターンシップの一形態としてとらえられている。

2-3．実施形態から見たインターンシップの種類と特徴

　これまで，多くのインターンシップが対面で行われていたが，コロナ禍で，企業のリモートワークが進み，オンラインインターンシップが急速に普及拡大した。実施形態としては，Zoom や Google Meet などの電子会議ツールを用いてオンライン上に集合してリアルタイムで行うものが多い。

　オンラインインターンシップのメリットについては，① 時間と場所を選ばない，② 時間を効果的に活用できる，③ 新たな教材を活用することによる学習の高度化・巧緻化，「新しい働き方」を体験できるなどがあげられているが（経済同友会インターンシップ推進協会，2020），対面でのコミュニケーションの欠如による学生の企業理解やモチベーションへの影響，現場感の再現の難しさ，情報セキュリティなどが問題点とされている（産学協議会，2021）。

　しかしながら，最近では，オンラインの利点を活用したユニークなプログラムが実施されている。たとえば，「福岡県ウェブインターンシップ」は，福岡県外の学生を対象として，すべてオンラインで実施される 1 週間のプログラムである。「未知との遭遇」をテーマに，学生は1 週間で 2 社の事業を体験する。オンラインを活用して，社長とディスカッションを行ったり，その企業の業務に取り組む。学生にとってみれば，自宅から安心して参加することができ，他地域の知らない企業の魅力に気づくことができる。また，企業にとっては，企業の知名度が低くても学生を集めることが可能となり，県外の学生との接点を持つことができるという，これまでのインターンシップでは実現し得なかった新たな可能性が生まれている。

2-4．学生のキャリア形成視点から見たインターンシップの種類と特徴

　1-1 でも述べたインターンシップの定義に基づき，産学協議会が学生のキャリア形成にかかわる取り組みを 4 つのタイプに分類した。その 4 つとは，① オープン・カンパニー，② キャリア教育，③ 汎用的能力・専門活用型インターンシップ，④ 高度専門型インターンシップである。③④のみがインターンシップに該当し，①②については，従来はインターンシップとされていたものも含まれているが，この定義からは除外されている。なお，三省合意改訂版(2022) においては，①②についてはインターンシップではないということを産業界との共通

理解としつつ，学生のキャリア形成への効果が一定程度期待される取り組みであるとして，これらも含めた考え方が示されている。なお，この4類型の性質，期間，特徴などの詳細については，第1章を参照されたい。

　これまでインターンシップは採用と切り離されて論じられてきたが，③については条件を満たした場合は広報活動・採用選考活動に使用できるとされた点が大きな変化である。また，④に含まれる「ジョブ型研究インターンシップ」は今後の展開が期待されているプログラムである。「大学院教育の一環として行われる長期間かつ有給の研究インターンシップの普及により，これらのことを文化として社会に定着させる。もって，Society 5.0に相応しい雇用の在り方と高等教育が提供する学びのマッチングを図る」（ジョブ型研究インターンシップ推進協議会ウェブサイト）ことを目的として，2021年度から博士課程，2022年度から修士課程の学生を対象として試行的に運用開始された。

　この取り組みが大学院教育の充実に加えて，大学院生の採用・就職への回路として機能すれば，専門的学修と採用を結びつける新しいインターンシップのあり方として，今後活用が広がる可能性がある。

表1.3-1　学生のキャリア形成支援における産学協働の取り組みの類型別特徴

類型・取組みの性質	代表的なケース	実施場所	就業体験有無	参加期間	主な実施内容	学生情報の採用活動への活用可否
タイプ1 オープン・カンパニー	企業・就職情報会社主催イベント	職場／職場以外	なし（一部あり）	超短期（単日）	・事業・業務説明 ・社員への質問会 ・職場見学 ・体験	不可
	学内イベント	学内	なし			
タイプ2 キャリア教育	企業主催プログラム	職場（＋職場以外）	なし（一部あり）	短期（1-3日間）	・事業・業務説明 ・グループワーク ・フィールドワーク／研修 ・職場見学 ・業務同行・J実習・実務を体験 ・職業観・キャリア・ビジネスマナーに関するガイダンス	不可
	・授業 ・産学協働プログラム ・学内における企業・アドバイザーによるレクチャー	学内（＋職場）		短期～長期		
タイプ3 汎用的能力・専門活用型インターンシップ	適性・汎用的能力重視	職場（＋職場以外）	あり	短期（5日間以上）	・業務同行、事業所・研究所・工場等で実務を体験 ・事業・業務説明 ・グループワーク ・発表会・報告会	採用活動開始以降に限り、可
	専門性重視（主に事務系）			長期（2週間以上）		
	専門性重視（主に技術系）					
タイプ4 （試行）高度専門型インターンシップ	ジョブ型研究インターンシップ	職場	あり	長期（2ヶ月以上）	・研究所・工場等で実務を体験 ・発表会・報告会	可
	修士課程学生向けインターンシップ			検討中	・業務同行、事業所等で実務を体験 ・発表会・報告会	

＊太枠内がインターンシップに含まれるプログラム。
出所：産学協議会（2022）より一部抜粋・修正の上筆者作成

3．インターンシップの今後

　オンラインインターンシップ，ジョブ型研究インターンシップなど，インターンシップの種類は今日でも多様化しており，今後も新しい形態が登場する可能性がある。インターンシップにさまざまな種類があるということは，学生の選択肢がそれだけ多いということである。学生には，自分の希望するインターンシップの特徴を調べ，自分のやりたいこととマッチしているかを考えた上で，積極的に参加してほしい。

（牛山佳菜代）

引用・参考文献

亀野淳（2021）「日本における大学生のインターンシップの歴史的背景や近年の変化とその課題―『教育目的』と『就職・採用目的』の視点で」『日本労働研究雑誌』733：4-15

経済同友会インターンシップ推進協会（2020）「オンライン実習に関する教育価値向上のポイントについて（報告）」（https://www.doyukai-internship.or.jp/pdf/internship_online.pdf：20220910 最終閲覧）

文部科学省，厚生労働省，経済産業省（2022）「インターンシップを始めとする学生のキャリア形成支援に係る取組の推進に当たっての基本的考え方」（https://www.meti.go.jp/policy/economy/jinzai/intern/PDF/20220613002set.pdf：20220910 最終閲覧）

内閣府（2021）「学生の就職・採用活動開始時期等に関する調査　調査結果報告書」（https://www5.cao.go.jp/keizai1/gakuseichosa/pdf/20211125_honbun_print_1.pdf：20220910 最終閲覧）

日本私立大学団体連合会（2018）「ワンデーインターンシップの弊害是正に向けて（提言）」（https://www.shidai-rengoukai.jp/information/img/300219.pdf：20220910 最終閲覧）

大島愼子（2017）「長期インターンシップを巡って」折戸晴雄・根木良友・山口圭介編『インターンシップ実践ガイド 大学と企業の連携』玉川大学出版部

採用と大学教育の未来に関する産学協議会（2020）「報告書 Society 5.0 に向けた大学教育と採用に関する考え方」（https://www.keidanren.or.jp/policy/2020/028_honbun.pdf：20220910 最終閲覧）

採用と大学教育の未来に関する産学協議会（2022）「産学協働による自律的なキャリア形成の推進」（https://www.keidanren.or.jp/policy/2022/039_honbun.pdf：20220910 最終閲覧）

ジョブ型研究インターンシップ推進協議会（https://coopj-intern.com/：20220910 最終閲覧）

第 4 章

企業から見たインターンシップ

1．企業のインターンシップの歴史

1-1.「教育」重視で発展してきた日本のインターンシップ

インターンシップは，日本ではキャリア教育の一つとして主に大学を中心として，学外での就業体験として位置づけられてきた。採用とは切り離す形でキャリア教育の一環として実施され，発展してきたことに特徴がある。それは，政策的に「大学（学校）」の中で発展し，2010年代にかけて大学における単位化が進むようになるにつれ，インターンシップは市民権を得ていき，広く一般にも「インターンシップ」が浸透するようになった。

インターンシップが世の中に浸透した効果は，大学生にとっては，海外留学やアルバイト，ボランティアや資格取得と同じような感覚で，インターンシップへの認識が変化したことを意味する。さらに，インターンシップの変化・進化は，企業側にも大きな影響を与えた。これまでインターンシップは，キャリア教育としての役割が大きく強調されてきたこともあり，「教育」の要素が重視され，「選考」「採用」に関連した部分は除外される扱いを受けてきた。一方で，企業にとってのインターンシップとは，できるだけ多くの学生と接点を有して，彼らが自社への理解を深め，かつ，自社のリソース（お金や時間などの経営資源）を最小化することが理想的である。その結果，2010年代には，企業が単独で，主に「採用」目的を中心とする短期間のインターンシップを実施するようになっていった。

1-2．就職協定の存在と採用に傾斜したインターンシップの発展

日本独自の就職に関するルールの中で，経団連と大学との間での就職活動の紳士協定が存在していたため，就職活動が解禁される時期が規定され，それ以前には企業の説明会や選考を行うことができない状況にあった。ところが，日本のインターンシップは，前述のとおり「大学と連携したキャリア教育」としての位置づけが強調されてきたこともあり，採用には該当しない活動に位置づけられ，就職活動の開始時期より前に学生と企業が接点を持つことができる手段の一つとして広まった。

その結果，日本のインターンシップは，近年「超短期」型の半日や1Dayのものが増加している。また2020年以降の新型コロナウィルス感染症のまん延の影響を受けて，オンライン型で短期間の実施割合が増加した。

1-3．2020 年前後のインターンシップのあり方の検討状況

　このような状況に対して，会社説明会に類似した超短期型のインターンシップは，長期間の
インターンシップと比較し，教育効果が高くないという主張のもとで，インターンシップと呼
ばないような形へと変化を遂げている。産学協議会が中心となり，2022 年 6 月に，インター
ンシップを再定義した（第 1 章再掲）。

> 　学生が，その仕事に就く能力が自らに備わっているかどうか（自らがその仕事で通用するかどう
> か）を見極めることを目的に，自らの専攻を含む関心分野や将来のキャリアに関連した就業体験（企
> 業の実務を体験すること）を行う活動（但し，学生の学修段階に応じて具体的内容は異なる）。

　この定義は，経団連と国公私の大学トップが直接対話をする枠組みで整理され合意されたもの
ので，社会での学びと大学での学びを融合させ，学生から社会人への成長の段階を共創するこ
とを目指したものととらえられる。

　さらに，インターンシップを 4 つに類型し，① オープン・カンパニー，② キャリア教育，
③ 汎用的能力・専門活用型インターンシップ，④ 高度専門型インターンシップと分類し，後
半の 2 つをインターンシップであると定義した。

　つまり，「インターンシップ」は就業体験を伴う，キャリア教育効果が認められる内容であ
る必要が，改めて強調された。具体的な要件に，インターンシップ実施期間の半分を超える日
数（テレワークも可）を職場での就業体験に充てることがある。就業体験では，職場の社員が学
生を指導し，インターンシップ終了後，学生に対しフィードバックを行う。インターンシップ
の実施期間は，汎用的能力活用型では 4 日間以上，専門能力活用型では 2 週間以上などと定め
られている。また，企業はインターンシッププログラムを通じて取得した学生情報は，採用活

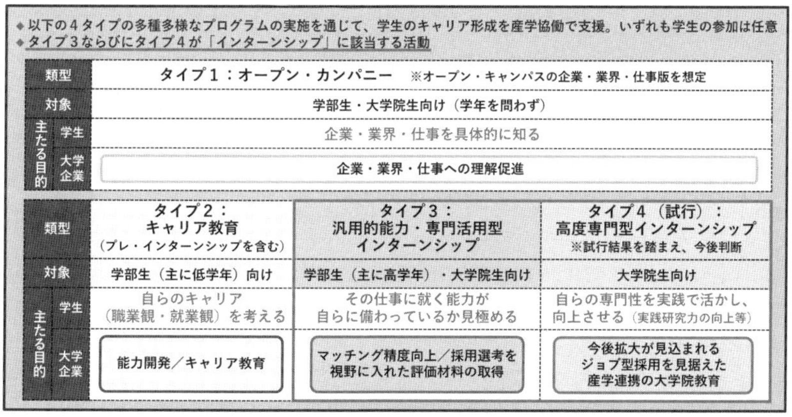

図 1.4-1　学生のキャリア形成支援における産学協働の取組み（全体像）

出所：採用と大学教育の未来に関する産学協議会（2021）「ポスト・コロナを見据えた新たな大学
教育と産学連携の推進」60 頁

動開始後に活用できるように定めた。

　オープン・カンパニーやキャリア教育は，インターンシップには位置づけられないが，将来社会で働くために，学生時代に取り組む内容として重要視されている。

1-4. インターンシップ発展に向けた課題
① 専門人材の不足

　大学や企業において，インターンシップにおける専門人材は希少な状況にある。日本ではインターンシップの歴史が浅いことや，大学では企業との調整やプログラムの作成，大学内でのカリキュラム新設などの障壁が高いと指摘できる。また，企業においても，人事部担当者は採用や新卒人材の育成に関与することは多いが，大学との連携や入社前の大学生に対する育成を専門領域とする職務は多いとはいえない。加えて，中間支援団体で長期の実践的なインターンシップを実施する団体なども存在するが，絶対的な数は多くない。関与する領域の専門人材の増加やノウハウの形式知化が重要である。

② 学生側の意識改革の必要性

　多くの大学生が自主的かつ積極的にインターンシップに参加する状況が望ましい。大学や企業が実施するインターンシップが学生にとって効果やメリットが増せば，多くの学生が参加するようになると期待される。現時点では，大学で実施される単位化されたインターンシップへの参加率は，数％と低い調査結果も存在する。多くの学生が参加することで，企業とのマッチング率も上がり，インターンシップの絶対量が増えることで，インターンシップの質が向上する好循環が生まれることが期待される。

　そのためには，企業や大学が実施するインターンシッププログラムが良質なものになり，参加する学生にとって意義が認められることが必要不可欠である。プログラム策定ノウハウ，マニュアル化，企業の教育ノウハウの向上などが発展することを通じて，良質な企業のインターンシップが増える。そのようなインターンシップに意欲ある学生が集まる仕組みの構築が重要となる。

2．インターンシップをどう見極めるのか
2-1. 企業にとってのインターンシップの効果

　インターンシップには，さまざまなメリットが存在する。企業側にとっての効果としては，次の点があげられている。「実践的な人材の育成」「大学などの教育への産業界などからのニーズの反映」「企業などに対する理解の促進，魅力発信」などである。特に，中小企業やベンチャー企業にとっては，企業の実態を学生や大学に対して伝え，理解を深める機会になる。つまり企業にとっては学生の自社への理解を促進させる機会になる。さらに，学生が，業界や業

種，職種，業務内容などへの理解を深めることによって，就業希望が促進されることや，就職後の活躍や定着（離職率の低下），企業への忠誠心・愛着の増加などの効果が期待される。

　ただし，インターンシップを実施すれば，必ずこうした効果が得られるというわけではない。インターンシップの内容や期間，企業で実施する人たちの準備状況や心がけ，プログラムなどによって効果が異なることに留意が必要である。

2-2. インターンシップにおける学生のニーズ

　インターンシップにおける学生のニーズを「1.知る」「2.体験する」「3.成長する」「4.就職活動」の4つの点で分類する。

　1つ目の「知る」は，大学生にとって，大学卒業後の社会に触れることや，社会人は何かを認識することである。テレビやインターネット，動画などの情報に加えて，社会で働く生の様子を見ることや，対話をすること，見学することなどが考えられる。

　2つ目の「体験する」は，簡単な体験の希望である。短期間でもお試しで様子を摑む，障壁の高くない体験などである。大学における授業や，業界研究，企業が合同で実施するものなどの参加しやすい体験プログラムが合致する。就職活動の初期段階までに参加するようなものである。

　3つ目の「成長する」は，働く中で社会人としての基礎能力を養成する点である。いろいろな社会人と協働することで，実践の中で学生から社会人へと成長することを望むというものである。

　4つ目の「就職活動」は，就職活動に向けた情報収集や，参加することでその企業への理解を深め，採用という次のステップへつなげられる可能性を高めたいという点である。

2-3. 企業が実施するインターンシップの内容

　企業にとっては，インターンシップが何かを理解した上で，ターゲットとなる学生に対して，自社にとって必要な内容を適切に実施することが必要である。

　企業が主体となって実施するインターンシップには，さまざまな種類が存在する。ターゲットである学生のニーズをどのようなものに想定するかによって，内容や期間，方法が異なる。

　学生は，企業が実施するインターンシップを，大学生活の状況に応じて使い分けて選択していくことが求められる。企業は，学生の状況を理解して，どの段階やどのような学生に対して何を提供するのかを検討することが求められる。

　「知る」目的の学生に対しては，大学と連携した講義への参加，特に短期間の参加しやすい内容や他の企業と協力するような内容があげられる。インターンシップというよりは，対話の機会，ボランティアなどに近い内容ともいえる。

「体験」を目的とする学生に対しても，長期間ではなく，比較的短期間で，さまざまな仕事内容を幅広く知ることができ，前提知識がなくても気軽に参加できるような内容が求められている。インターンシップはアルバイトに近しい存在になり得る。「成長」を目的とする学生については，長期間の内容や，あらかじめ取り組む内容が確定しているものが該当する。特定の業務に特化した内容や，社長との二人三脚としてのインターンシップや，新規事業に取り組むような内容も合致する。

表1.4-1　インターンシップに対する学生のニーズと企業の提供する内容との対応関係

	学生のニーズ	企業の提供する内容
①	知る	見学・説明・対話
②	体験	担当者の業務補助，短めのワークショップ
③	成長	比較的時間をとった課題解決，企画検討・実行
④	就職活動	企業の説明，採用・選考情報

出所：筆者作成

3. よいインターンシップの実現に向けて

3-1. インターンシッププログラムの作成に向けて

企業が，自社にメリットをもたらした上で，学生の評価が高いインターンシップを実施するためには，「設計」「募集」「実施」「統括」の4つのステップを採用するとよい。

表1.4-2　インターンシッププログラム設計の4つのステップ

設計	募集	実施	統括
企業の戦略・課題	広報戦略	イントロダクション・ガイダンス	アンケート
採用戦略・人材育成計画	学生に届ける	学生の成長支援	振り返り
インターンシップの目的	募集内容	学生のプロジェクト支援	次回への改善
学生ターゲットの選定	企画書	目標設定，日報，報連相	報告書

出所：野村・今永（2021）より

インターンシップを実施するために必要なことは，あらかじめ開始前にプロジェクトを設計して，そのプロジェクトがきちんと自社の事業内容や学生に伝えたい内容・伝えるべき内容になっているかを確認することである。プロジェクトが対象とする学生のニーズに合致し，適切な広報手段が採用されているかが重要である。企画検討して，実践したのちに振り返って改善するためのチェックリストを用意することで，自社の特定の人に限定せずにインターンシップが展開できるようになり，かつ，自社オリジナルの内容への改善が可能となる。

3-2. さまざまなインターンシップ

産学官の連携のもと，さまざまなインターンシップが展開されている。大学によっては，近

年，専門職大学が新設されたように，大学内で長期間の実践的なインターンシッププログラムを構築して，単位化しているケースもある。さらに，単位化されたプログラムに加えて，単位外で実施される実践的なプログラムも存在する。インターンシップを効果的に実施するために，キャリア教育の要素や社会人の体験談や対話ができる機会を活用することが有益となる。企業にとっても産学連携の中で大学と連携して学生との接点を有することが可能となる。

　さらに，ベンチャー企業・スタートアップ企業などで実践的に働くインターンシップや，NPO 法人などで社会課題解決を体験する内容や，地域の中小企業などで実践する長期間のインターンシップなどが存在する。"コーディネーター" が存在し，プログラムの作成，現地の調整，学生の事前学習・伴走支援などを実施するプログラムも存在する。オンライン環境を活用して，所属大学が提供する以外のインターンシップに参加できるようになった点にも注目すべきである。

3-3. インターンシップの発展に向けて

① 企業側の課題

　インターンシップを実施することは，一定期間以上，就業体験を伴うことが条件として付与される。企業にとってはボランティアで実施すると継続発展が困難であることからも，いかによいプログラムを社内で構築するかが課題である。社内の関係者が学生と協働・共創したい内容を構築した上で，最終的に企業の価値向上として，採用や人材育成，組織風土改革，ブランド力向上などにつながる内容にすることが重要である。

　そのためにも，企業側はインターンシッププログラムを構築するノウハウを高めることや，最近の学生の動向や若者の置かれている状況を理解することが重要である。さらに，企業側は就業体験の中に，学生の立場に立って働くことが何か，どんな内容の仕事があるかという理解や，働く意味や価値などを理解し，どのようにして学生と社会人の橋渡しをするとよいかを考え続ける必要がある。

② 大学・中間支援団体・仲介役の企業との関係構築

　企業がインターンシップを主体的に実施する場合も，参加者としての学生が存在する。学生は，大学と企業が連携したインターンシッププログラムに加え，大学内のチラシなどで情報を入手する。もしくは，インターンシップ情報の掲載サイトへの応募や，インターンシップのマッチング会への参加や，中間支援団体経由で認知する。したがって，企業にとっては，自社媒体や自社ブランドを高めて参加学生が多く応募する状態を構築するとともにインターンシップに関連するステイクホルダーと良好な関係を構築し，共存共栄を図ることが重要である。

③ インターンシップの発展に向けて

　大学生にとって，インターンシップは採用目的に傾斜した存在であると認識される傾向にあ

る。採用は，重要な要素の一つではあるが，企業側はインターンシップに大学生が参加し，一緒に密度の濃いよい体験ができる点を広く周知することが必要である。

　企業主体のインターンシップの研究や，事例の蓄積はいまだ少ない状況にある。しかし，企業側も採用などに関する個人情報は社外秘で機密性が高く，良質なインターンシッププログラムの中でも，学生の成長に寄与するもの，学生の満足度が高いもの，企業の組織改革や参加した従業員の満足度が高い内容のものなどが多く存在すると考えられる。企業は，このような情報を積極的に発信し，他社と共有し，「共創」をキーワードに発展させ，良質なインターンシップを力を合わせて広めることが重要である。

（今永典秀）

引用・参考文献

今永典秀（2021）「地域創生へのインターンシップ」『日本労働研究雑誌』63（8）：73-84
今永典秀，鳥本真生（2022）「中小企業の長期実践型インターンシップにおけるコーディネーターの存在価値―」『ノンプロフィット・レビュー』21（1）：57-70
採用と大学教育の未来に関する産学協議会（2021）「ポスト・コロナを見据えた新たな大学教育と産学連携の推進」（2020 年度報告書）（https://www.sangakukyogikai.org/_files/ugd/4b2861_80df016ea6fe4bc189a808a51bf444ed.pdf：20220908 最終閲覧）
野村尚克，今永典秀（2021）『企業のためのインターンシップ実施マニュアル』日本能率協会マネジメントセンター
文部省・通商産業省・労働省（1997）「インターンシップの推進に当たっての基本的考え方」（https://www.jil.go.jp/jil/kisya/syokuan/970918_01_sy/970918_01_sy_kihon.html：20220908 最終閲覧）

第 5 章

インターンシップの教育的効果

1. 激動社会の中の自己効力感

1-1. 自己効力感

　もともと軍事用語であった VUCA（Volatility：変動性，Uncertainty：不確実性，Complexity：複雑性，Ambiguity：曖昧性）ともいわれる未来の予測が困難な社会やビジネスにおいて，誰もが自信を失い，目指すべき方向性を見失ってしまう可能性は少なくない。そのような「激動社会の中の自己効力感」について提唱したのは，カナダ人心理学者のバンデューラ（Albert Bandura）である。ここで「自己効力」あるいは「自己効力感／セルフ・エフィカシー（self-efficacy）」を端的にいえば「ある状況において，自分にはできる，と考えることができる」ことである。これまでとは異なる「人生 100 年時代」ともいわれる社会では，高い自己効力感をもって挑戦していくことが必要とされる場面が増えるのではなかろうか。自己を高めるために，インターンシップなどの課題に挑戦していくことが重要となる。

1-2. 自己効力感を高めるインターンシップ

　インターンシップにかかる視点として，「学修者」「教育機関（学校）」「労働市場（企業）」の3つのアプローチがある（江藤ほか，2021：吉本，2021）。本章の「教育的効果」という観点からは，学習者がインターンシップ後に自己効力感を高めることができれば，教育的効果の高いインターンシップといえるだろう。教育機関においては，インターンシップ先と学習者との目的の擦り合わせなど事前教育の充実をはかり，労働市場から求められる人材を育成できるようカリキュラムをデザインしなければならない。

　バンデューラによれば，「制御体験」「代理体験」「社会的説得」「生理的・感情的状態」の4つが自己効力感に影響する。これらに即して考えると，自己効力感を高めるインターンシップのポイントは以下のようになるだろう。

① 制御体験（成功体験）

　教育機関は，事前学習の段階から成功体験が得られる機会を設ける。学習者は，自己効力感が高いほどインターンシップ先でも挑戦でき，さらに自己効力感を高めていくことが期待できる。

② 代理体験（他者の成功場面を見る）

　教育機関は，社会人・職業人を見る機会であるインターンシップ先はもちろんのこと，イン

ターンシップ体験者からも学ぶ機会を設ける。自分と似通った人と出会い，話を聞くことができるといった体験などが有効である。

③ 社会的説得（言語的な説得）

学習者を受け入れるインターンシップ先は，学習者に対して認めたり励ましたりすることが望まれる。能力・適性を認めるなど，学習者に対するフィードバックの工夫が自己効力感を高めることにつながる。

④ 生理的・感情的状態（心身状態の良好さ）

学習者は，自らの心身状態を良好に保つよう努める。教育機関やインターンシップ先は，学習者のストレス軽減，ポジティブな気分が保たれるような支援を行う必要がある。

学習者が，教育機関の支援のもとインターンシップへ参加する機会は増加している。自己効力感を高めるために最も重要とされているのは，① 制御体験である。その体験は，受け身ではない主体的な行動による成功のことをいう。つまり，自律的な行動の結果として成功体験を積むようなインターンシップを目指すことが肝要である。

2．インターンシップと「コンピテンシー」

2-1．コンピテンシー

以上のような，学習者が高い成果につながる行動（よりよい体験につながる行動）をとるために，あるいは教育機関が高い学習成果に結びつくような行動へと促していくための共通の指標とはどのようなものであろうか。

ビジネス現場の企業などで用いられている考え方や用語に「コンピテンシー（Competency）」がある。高業績者（ハイパフォーマー）の行動特性（どう行うか）を明確化し，各企業で独自の能力評価基準を作成，人材育成に活用することを指す。「コンピテンシー・マネジメント」や，企業従業員の「コンピテンシー採用」というように，経営理論・技法としても実践されている。「コア・コンピタンス経営」「ケイパビリティ」などの類似することばで，企業戦略や組織能力・経営資源について説明されることもある。

「インターンシップ」が単なる「就業体験」以上の意味を表すことばとしてカタカナ語で広く普及しているように，コンピテンシーも広く深い意味合いを持つと考えることができる。「Competency」の辞書的な日本語訳は「能力」であり，一般的には「資質・能力」を示すのがコンピテンシーである。学校教育においては「学習成果指標―職業コンピテンシー」などの表記がなされ，「知識」「技能」「態度」「応用」という4つの視点が，学位・資格のレベル別に論じられている（吉本，2020）。ここでは，主に「態度」「応用」においてインターンシップなどの活動の効果が表れるとされているが，以下では，コンピテンシーの中でも広く一般的に普及しているものとして「社会人基礎力」について検討する。

2-2. 社会人基礎力

社会人基礎力は，文字通り社会人としての基礎的な力（職場や地域社会で多様な人びとと仕事をしていくために必要な能力）のことである。どのような組織にあっても必要とされる基礎的な力は，学習者にとってインターンシップなどを通して身につける必要がある。教育機関においては，各専門的教育とは別に，汎用的なコンピテンシーとして育成することが求められる。

「前に踏み出す力（アクション）」「考え抜く力（シンキング）」「チームで働く力（チームワーク）」という３つの能力（12の能力要素）から構成されており（図1.5-1），2018年には「人生100年時代の社会人基礎力」として新たにまとめられた。目的（どう活躍するか），学び（何を学ぶか），統合（どのように学ぶか）という３つの視点のバランスを図り，リフレクション（振り返り）をすることが強調されている。

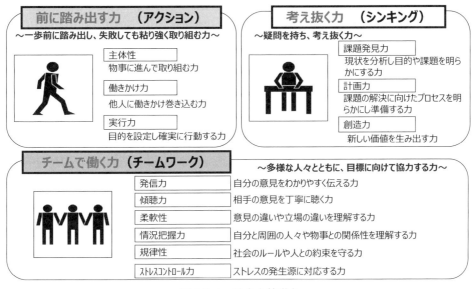

図 1.5-1　社会人基礎力

出所：経済産業省ウェブサイト

人生100年時代においては，社会人経験を積み年齢を重ねてきた人も基礎力をアップデートしていくことが必要とされる。学術的な厳密さに欠けるという指摘もあるが，2006年から経済産業省を中心に普及・活用が進められる中，企業人にとっても納得性の高いものである。インターンシップにかかわる人びと皆が，共通理解のもとに活用できる指標になっているといえよう。

たとえば，インターンシップの中で「会社内の休憩室の改善点を提案してほしい」というグループ課題が出されたとする。３つの能力を発揮する場面や，その必要性などのポイントは以下のようになる。

① 「前に踏み出す力（アクション）」

さっそく休憩室を見学に行く必要がある。オンラインを活用したアクションの方法も考えら

れるかもしれない。指示待ちにならず，一人称の視点で物事をとらえ，自ら行動できるようになることが求められている。

② 「考え抜く力（シンキング）」

そもそも休憩室とは何か。なぜ必要なのか。いつ誰がどのように使用しているのか。論理的に答えを出さなければならない。それ以上に，自ら課題提起し解決のためのシナリオを描く，自律的な思考力が求められている。

③ 「チームで働く力（チームワーク）」

グループ内の協調性だけに留まらず，多様な人びととの繋がりが求められている。休憩室を使用している人に話を聞くほか，社内外の人びとにアンケート調査をするなど，協働を生み出す力が求められている。

2-3. エンプロイアビリティ

上述したコンピテンシーと社会人基礎力を簡略的にまとめたのが図1.5-2である。職場によって異なる「社内スキル」や，人材としての付加価値の源泉である「専門スキル」は，「領域特殊的コンピテンシー（企業側から見たコンピテンシー）」（上段）であり，社会人基礎力や，すべての土台となる「キャリア意識，マインド」は，「汎用的コンピテンシー（学校教育課側からみたコンピテンシー）」（下段）ということができる（古田, 2021）。そして，全体については，就業のために必要な「エンプロイアビリティ（employability）」として説明することができるだろう。

エンプロイアビリティとは，文字通り「雇用する（エンプロイ）」と「能力（アビリティ）」を組み合わせたことば・概念であり，個人の視点からは「雇用される（されうる）能力」といえる。日本では，いわゆる日本的経営の崩壊が叫ばれる雇用不安の中で定着してきたものでもあり，「内的エンプロイアビリティ」という組織内（内部労働市場）で雇用され続けるための能力だけではなく，他所でも通用する「外的エンプロイアビリティ」という組織外（外部労働市場）への就業可能性の2つに分けて考えることができる。

図1.5-2のとおり，パソコンやスマートフォンにたとえるならば，業界などの特性に応じた能力は「アプリケーション」であり，社会人としての基盤能力は「OS（オペレーティングシステム）」となる。縦軸にある「パフォーマンス（業績）」の向上には領域特殊的コンピテンシーの重要性が高まり，横軸の「年齢」を重ねることは，最新のOSとアプリへのアップデートの必要性を意味する。

新卒一括採用によって企業に就職したならば長期の雇用が期待できた時代から，積極的な転職や兼業／副業などが可能な自由度の高い時代へと変化する中で，エンプロイアビリティの重要度は高まっている。誰もがキャリア形成について自ら考え，責任をもつことが要求される時代である。進路・就職決定前の教育機関における学修者にとっては，より早い段階からさまざ

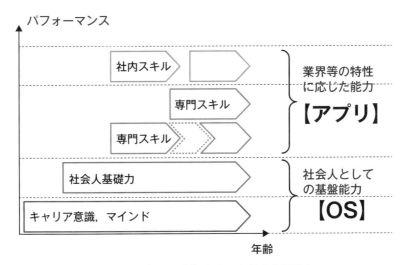

図 1.5-2　コンピテンシーと社会人基礎力

出所：経済産業省ウェブサイトを元に筆者作成

まな学修を通じて社会人としての就業への準備をしていくことが必要である。

3．インターンシップと「職業統合的学習」

3-1．職業統合的学習

　社会人基礎力などの汎用的コンピテンシーが，主に大学教育と職業への移行に焦点を当てる
ものであるとすると，「自らの専攻，将来のキャリアに関連した就業体験を行う」ことを目的
としたインターンシップは，「職業統合的学習（Work Integrated Learning：WIL）」への展開が
期待されることになる。

　職業統合的学習は，大学と企業の対話が念入りになされていることで，学修の質保証，労働
力確保，エンプロイアビリティの向上と雇用可能性など，大学，企業，学生の三者にメリット
がみられるとして，豪州の大学における例と定義が示されている（江藤ほか，2021）。それは，
「学生を実社会の職業的実践に従事させるすべての活動」であり，「ある分野の学術的な学習と，
職場での実践的な応用を統合した教育活動」である。シミュレーション（模擬裁判やバーチャル
ビジネスなど）のような模擬的な職場環境の体験ができれば，必ずしも職場に出向く必要がない。

　また，「目的をもってデザインされたカリキュラムの中で理論と職業実践とを統合したアプ
ローチおよび戦略の総称」という定義から，「実習，専門実習，インターンシップ，産業基盤
学習，PBL（project-based leaning），コーオプ教育，フィールドワーク教育，サービス・ラー
ニング」といったものまで，多様な活動が含まれているとされている（吉本，2020）。図 1.5-3 は，
職業にかかわる多様な活動と経験について，「職業統合的学習」という研究対象に当てはまる
かどうか図示したものである。ここでは，日本の大学生の状況も考え，一定程度の時間が割か

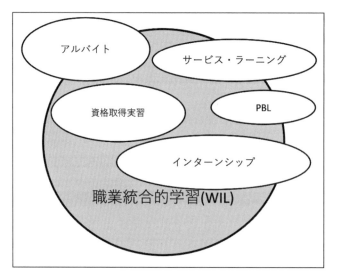

図 1.5-3　職業統合的学習（WIL）にかかわる多様な活動と経験の集合図
出所：吉本（2021）

れる日常的なアルバイトも含まれる。資格取得実習は，資格取得に至るまでの教育プログラム
の一環であることから，職業統合的学習に完全に包含されている。

3-2. 職業統合的な学びの事例

　教育内容を重視し，インターンシップを教育的効果の高い取り組みとするには，大学におけ
る教育活動の一環として明確にとらえる必要がある。その点で，資格取得実習を含むカリキュ
ラムなどがその手本となることが指摘されている。

　一方，豪州の大学における例では，学修ユニットに完全に組み込まれず，カリキュラム準備
のための「共同カリキュラム WIL」やサポート，評価，大学からの支援のない「教科外 WIL」
などもみられる。

　これを学修者の視点から考えると，アルバイトを含め，将来の就業に関連する活動を自らが
専攻する学びを組み合わせ，さまざまな活動を充実させていくことの重要性が示唆される。

　つぎに，学生によって自主的に行われうる活動として，筆者の身近な例をあげる。

　ゼミのゲスト講師との出会いをきっかけに，大学のゼミ活動の一環として学生中心の課外活
動が試みられた。あらためて，社会人基礎力の3つの能力に従って簡潔にまとめると，以下の
ような教育プログラムの枠を越えた諸活動となる。

① 世の中を"自分事"としてとらえてみる「前に踏み出す力（アクション）」

　ゼミのゲスト講師（地域活性化事業などを行う会社の代表取締役）から，ボランティアの参加の
誘いがあった。その参加後も支援を受けながら，2つのグループ A・B が，学生団体を立ち上げ

るべく行動をはじめた。参加学生は，将来，公務員や地域ビジネスの担い手を目指す者が多い。

② "自分事" とした物事の解決策を考える「考え抜く力（シンキング）」

　「名古屋六大学討論会」は，月に1回，学びの専門が異なる多様な学生を募り，あるテーマについて討論する。その結果を行政機関に議事録として提出する。討論会開催をはじめ，多くの活動は学内でも完結できる。

③ 解決に向けてさまざまな人の協力を得る「チームで働く力（チームワーク）」

　「名古屋センキョ割実行委員会」は，実際の選挙期間の前後に，投票後に割引サービスなどを受けられる「センキョ割」営業活動などを行う。イベントとの連携，商店街・飲食店を中心に協力依頼するなど学外活動が多い。

　いずれの取り組みも，参加学生は多様な人びととつながりながら，社会人基礎力が求められるような明確な期日（イベント開催，レポート提出）のある活動を完遂している。さらに，自らの専攻につながる学修成果を考慮して，領域特殊的コンピテンシーにも意識を向けることが職業統合的な視点として重要である。

　以上の取り組みはプログラム化されておらず，教育的効果も実証されていない。しかしながら，参加学生のリーダーたちは，各活動を振り返り，関連するインターンシップへの参加を検討し，卒業論文の執筆との統合も視野に入れている。講義科目選択の際にも，各活動と授業内容の関連性を意識するようになった。学業を就職活動と両立しながら，各活動の後継者を育てて引き継ぐという新しい仕事も生みだしているようである。

　学修者は，秀逸なインターンシッププログラムを探求し，参加する一方で，自律性をもって職業統合的な学びに取り組めば，インターンシップの学びを補完することができる。すなわち冒頭でも述べたような自己効力感を高め，自らのキャリアを拓く学びとなる。教育機関は，学修者にとって職業統合的な学びの機会への挑戦を支援するとともに，教育効果の高いインターンシッププログラムのアップデートが求められる。

（手嶋慎介）

引用・参考文献

Bandura, A. (1995) *Self-efficacy in changing societies*, Cambridge University Press. (本明寛・野口京子監訳 (1997)『激動社会の中の自己効力』金子書房)

江藤智佐子・手嶋慎介・椿明美 (2021)「インターンシップから職業統合的学習（Work Integrated Learning）への展開可能性―研究誌からみた学会の研究動向に着目して―」『インターンシップ研究年報』24：21-39

古田克利 (2021)「インターンシップを通じた「学びと成長」の実証分析の枠組み」『インターンシップ研究年報』24：41-49

吉本圭一 (2021)「日本的インターンシップから職業統合的学習へ―研究視座の総合と体系化に向けて―」『インターンシップ研究年報』24：1-19

吉本圭一 (2020)『キャリアを拓く学びと教育』科学情報出版

経済産業省ウェブサイト「社会人基礎力」(https://www.meti.go.jp/policy/kisoryoku/：20220910 最終閲覧)

第 6 章

インターンシップの学びをどう活かすか

　学校教育の最終段階である高等教育段階を，キャリア発達の側面から「社会への移行段階であり，社会に出る準備期間」（清水・三保，2013）ととらえると，学校教育と社会とのギャップを埋める意味でもインターンシップにおける就業体験は重要になってくる。

　三省合意の改正（文部科学省・厚生労働省・経済産業省，2022）で，「学生のキャリア形成支援に係る産学協働の取組」がタイプ1からタイプ4までの4つの類型に整理され，そのうちタイプ3及びタイプ4がインターンシップであるとされた。

　本章では，従来の1日間の企業説明に近いものや業界合同セミナーなど，タイプ1，タイプ2まで幅広く含めたものをインターンシップとして「インターンシップの学びをどう活かすか」について示す。

1．インターンシップに参加する意味

　インターンシップの教育効果や参加目的はさまざまな定義がある。

　株式会社ディスコの調査（2019）では，「参加目的」を「自身の成長のため」「業界研究のため」「その企業をより深く知るため」「その企業の選考を有利にするため」「就職活動の自己PRなどに使いたい」と設定している。調査結果では，参加時期によって，インターンシップの参加目的は変化していくことが示されているが，「いずれの時期も最も多いのは『業界研究のため』の参加であり，インターンシップをその先の就職活動を意識した業界研究の場としてとらえられている」。つまり，学生の多くはインターンシップを「進路選択のために活用」しているといえる。

　二上（2017）は，先行研究よりインターンシップの参加目的や効果に関して「能力開発」「職業観育成」，大学などの学びへの「学習意欲喚起」と類型化した。「能力開発」とは「基礎能力（学力），専門知識と技能が企業で通用したかどうかの確認作業」（田中，2007）でもあり，「気づき」（田中，2007）としてインターンシップは主に「キャリアを考えるための活用」ともいえる。

　インターンシップの事前学習や事後学習に関する研究も多くみられる。

　沢田・椿（2007）は「長期インターンシップに取り組む場合は学生の目的意識がポイント」と指摘しており，「就業観醸成の観点からは事前教育をとおし，参加目的をより深化させることが求められ」（二上，2017），「学生は手を掛けただけの結果を現場実習で出している」（岡村，2004）と，インターンシップをより意味のあるものにするために事前学習の重要性が指摘され

ている。

　同様にインターンシップの学びを活かすためには，「経験学習」[1]の観点から，事後学習も重要であり，事後学習をとおした「振り返り」の中での「リフレクション」[2]がポイントになる。

2. インターンシップの学びの活かし方

2-1. インターンシップ活用パターン

　インターンシップに参加することでさまざまな教育効果を得ることができる（第 5 章参照）。以下インターンシップをどのように活用したらよいかについて示していく。

(1) キャリアを考えるために活用（主に 1・2 年次などの低学年）

　学校生活から離れ，社会人に接したり，社会体験に身を置いたりすることで，さまざまな刺激を受けることができる。

① 学校での学びについて考えたい場合

　　仕事にふれることで，これまでの大学などでの学びと仕事とのつながりを理解することができ，社会に出たあと活躍できるようになるためにこれからの学業への取り組み方を考えるきっかけになる。つまり，「仕事理解」「学業理解」として活用する。

② 自己能力開発につなげたい場合

　　実際の仕事を体験することで，自分の強みや弱みを理解したり，仕事をするうえで必要な能力を伸ばしたりできる。つまり，「自己理解」として活用し，「自己能力開発」につなげる。

(2) 進路選択での活用（主に 3 年次以降）

　インターンシップの中で，社員と話をしたり，仕事を体験したりすることで，将来の進路選択に活用できる。

① 将来の進路など，まだ何も考えられていない場合

　　周りの学生と比べ自分がまだ何も考えていないという焦りも出てくるが，進路選択について考えるためのきっかけとするためにインターンシップを活用することで，進路選択に向けて一歩踏み出すことができる。

② やりたいことはある（漠然としたもの含む）が，具体的な仕事や業界，企業が絞られていない場合

　　やりたいことにかかわる業界セミナーなどに参加することで，やりたいことがどのような仕事としてあるのかをつかむことができる。つまり，「仕事理解」として活用する。

③ 将来就きたい仕事がある場合（企業は未決定）

　　やりたい仕事からその仕事ができる企業が候補としてあがってくる。その中から志望する企業を絞り込むために活用する。1 日間など，短期間のものでよいので，複数参加して企業

比較することで企業ごとの違いをみつけることができ，自分にあった企業を見つけることができる。つまり，「企業発見」として活用する。

④ いきたい企業がある場合

実際の仕事の体験や社員との懇談会などを通じて志望する企業の実態を理解し，実感することができる。つまり，「企業理解」として活用する。

2-2．インターンシップ活用の事例

前項で示したとおり，インターンシップにはさまざまな活用方法がある。次に3つの事例を紹介し，おのおのについて筆者の考察を行っていく。

（1）イベント企画を行うインターンシップに参加したA（2年男子）のケース

① 受入企業の業務内容：スポーツクラブの運営・キャリア形成支援

② インターンシップの参加動機：マーケティングに興味があり，企画立案に参加したい

③ 応募方法：大学の紹介（単位認定型インターンシップ）

④ 実習期間：5日間（2年次の夏休み）

⑤ 実習内容：社員との懇談会，企業・事業概要説明，地元店舗へのチラシ配布，イベント企画立案・実践

【筆者の考察】

Aは，父親がマーケティング関連の仕事をしていて，父親から仕事の話を聞く中でマーケティングに興味を持っていた。企画立案とマーケティングとの関連で当インターンシップへの参加を希望した。

研修前はマーケティングについて自ら学習していたが，まだ漠然としたものであった。成果発表の中で，企画を課題解決ととらえ，企画を立てていく上で，目的・目標設定やターゲット設定の重要性を実感しており，企画をするとはどのようなことかの仕事理解がされていた。

また，社員との懇談会の中で，社員から，「なぜ，今，この会社でこの仕事をするようになったのか」ということを聞く機会が設けられた。若手2名，中堅2名の社員の方のさまざまなキャリアにふれることにより，Aは，「自分も進路選択の際は，自分なりの軸をもつことが大切であると思った」と語っており，キャリア意識の醸成につながったと考えられる。

（2）データサイエンスに関わるインターンシップに参加したB（2年男子）のケース

① 受入企業の業務内容：システムインテグレーション・教育

② インターンシップの参加動機：大学で学んでいるプログラミング技術を試したい

③ 応募方法：大学の紹介（単位認定型インターンシップ）

④ 実習期間：10 日間（2 年次の夏休み）

⑤ 実習内容：社員との懇談会，企業・事業概要説明，データ分析・ツール作成

【筆者の考察】

B は，大学ではデータサイエンスに関係する学科に在籍し，将来は AI エンジニアになりたいと思っている。データサイエンスに関する知識を取得し，その知識を AI の開発に役立てたいと当インターンシップに参加した。

当インターンシップは，データサイエンス人材育成インターンシップ（大学の単位認定型インターンシップ）として開発された。データサイエンスの実務にかかわることで，学生には，高度な統計処理技術を駆使できるに越したことはないが，それ以上に仮説を立てて検証し，その結果をもとに解決策を立てていくことが求められることを理解し，実感してもらう「仕事理解」が主目的であった。

B は，実務をとおして実感したデータサイエンスに関するイメージについて，「顧客のニーズを聞き，問題解決のために尽力する仕事。プログラミングだけする仕事だと思っていたが，プログラムは補助的に使う程度だということ」と語っており，研修前後で仕事イメージが具体化し，当インターンシップのねらいどおりに仕事理解がなされた。

また，「これまでは基礎しか習っていなかったが応用の幅が広かったので，新しい分析方法やプログラム技術を利用していきたい」とインターンシップでの学びの今後への活かし方が明確になり，終了後の学習動機にもつながったといえる。

（3）グループディスカッションを行うインターンシップに参加した C（3 年女子）のケース

① 受入企業の業務内容：システム開発

② インターンシップの参加動機：就職活動に活かしたい

③ 応募方法：公募（エントリーシートによる選考）

④ 実習期間：5 日間（3 年次の夏休み）

⑤ 実習内容：社員との懇談会，企業・事業概要説明，問題解決グループディスカッション

【筆者の考察】

C は，就職活動に活かしたいということで，3 年次の夏休み期間の公募型インターンシップに参加した。

インターンシップの中で，問題解決型グループディスカッションに参加したことで，ある程度は成果は出せたが，他者と協働してアイディアを練る経験をもう少し積む必要があるということを実感した。自己能力開発のきっかけになったインターンシップであったと考えられる。

前項では，自己能力開発につなげるインターンシップを主に 1・2 年次などの低学年の場合

での活用として示したが，3年次の早い段階で気づき，今後の必要な経験を自ら見いだすことができて具体的行動へと結びつけられているのは決して遅いとはいえない。

2-3. インターンシップで意識すべきこと

　以上，インターンシップの活用パターンを示してきた。どのパターンであってもインターンシップをより有効活用するために，インターンシップの開始前から研修終了後まで，どのようなことを意識すればよいかを整理しておく。

研修開始前	〈事前学習〉 ① 参加目的の設定 ② インターンシップ先の決定・理解（企業理解） ③ インターンシップ実施内容の理解（学業理解・仕事理解） ④ 自己能力分析（自己理解）

研修期間	〈実習〉 ⑤ 日々の意識行動

研修終了後	〈事後学習〉 ⑥ 振り返り ⑦ 今後に活かす（学業面・進路選択面）

研修開始前

① 参加目的の設定

　インターンシップになぜ参加したいか。インターンシップをどのように活用したいか。

② インターンシップ先の決定・理解（企業理解）

　インターンシップ先の企業はどのような事業を行っていてその企業の特徴は何か。

③ インターンシップ実施内容の理解（学業理解・仕事理解）

　インターンシップの実施内容はこれまで学んできたこととどのように関連しているのか。

④ 自己能力分析（自己理解）

　自分の強み，弱みは何か。参加するインターンシップでどのように試していくか。

〔研修期間中〕

⑤ 日々の意識行動

　参加目的を意識しながら取り組む（これまで学んできたこととの関連をその都度考えて目の前のやるべきことに取り組み，自分の強みを発揮できるよう，または弱みを克服するように意識して行動）。

〔研修終了後〕

⑥ 振り返り

　事前に設定した参加目的と照らし合わせて，できたこと，できなかったことを整理する。

- ・インターンシップをとおして感じた，または担当者などから指摘をもらったことなどを振り返り，自分の強みや弱みなどを整理する。
- ・これまで大学などで学んできたことがどのように活かされたか，また今後どのようなことを学んでいかなければならないかなどを整理する。
- ・仕事にふれたことで，自分がどのような仕事に向いているかの適性を考えたり，「働く意味」を見直す。

⑦ 今後に活かす

　学業面：インターンシップをとおして学んだ専門的知識やスキルをこれからの学業や研究活動に活用する。

　進路選択面：インターンシップをとおして確認できた適性や「働く意味」などから進路選択に活用する。

　この章では，インターンシップの学びの活かし方を述べてきた。インターンシップは参加するだけではなく，インターンシップをとおしてどのようなことを学ぶことができ，どのようなことを得ることができたかが大切である。インターンシップを社会に出るための準備，社会体験の場としてとらえて，研修開始前に事前学習を行い，そして事前学習の内容を受けて研修期間で実際に行動に移し，研修終了後に事後学習を行う，いわゆる PDCA（Plan Do Check Action）サイクルを回すことで，得られる効果がいっそう高まると考える。

（二上武生）

注）──────────────

1)　経験学習：デイヴィッド・コルブが提唱したモデルである。経験の中から学んだ内容を活かしていく学習のプロセスであり，「具体的経験」「内省的観察」「抽象的概念化」「能動的実験」の4つのプロセスから構成されている。

2)　リクレクション（reflection）：とは「内省」のことであり，自分の言動を客観的に振り返ること。

引用・参考文献

浅海典子（2007）「学生にとってのインターンシップの成果とその要因」『国際経営フォーラム』(18)：163-179

岡村紀男（2004）「インターンシップの立ち上げに当たってのノウハウの一事例」『インターンシップ研究年報』(7)：19-24. 日本インターンシップ学会

ディスコ（2019）「インターンシップに関する調査　キャリタス就活 2020 学生モニター調査結果（2019 年 4 月発行）」（https://www.disc.co.jp/wp/wp-content/uploads/2019/04/internshipchosa2020.pdf：20220910 最終閲

覧）

沢田隆・椿明美 (2007)「札幌国際大学における長期インターンシップの取り組み」『インターンシップ研究年報』
　　(10) 1-6．日本インターンシップ学会

清水和秋・三保紀裕 (2013)「大学での学び・正課外活動と「社会人基礎力」との関連性」『関西大学社会学部紀要』
　　44 (2)：53-73

田中宣秀 (2007)「高等教育機関におけるインターンシップの教育効果に関する一考察―新たな「意義」をみいだし，
　　改めて「効果」を考える―」『インターンシップ研究年報』第 10 号，日本インターンシップ学会：7-14

二上武生 (2017)「工学系大学における就業観醸成型インターンシップの質保証に関する取り組み―工学院大学の
　　事例―」『インターンシップ研究年報』(20)：11-18

文部科学省・厚生労働省・経済産業省 (2022)「インターンシップを始めとする学生のキャリア形成支援に係る取
　　組の推進に当たっての基本的考え方」(https://www.mext.go.jp/a_menu/koutou/sangaku2/20220610-mxt_
　　ope01_01.pdf：20220910 最終閲覧)

第 7 章

サービス産業におけるインターンシップ

　本章では，サービス産業におけるインターンシップの特徴と課題について考える。そして，その1つの具体例として航空産業におけるインターンシップの現状と課題について紹介し，考察を加える。

1. サービスの特徴とサービス産業

1-1. サービスの4つの特徴

　サービスには4つの特徴がある。無形性，同時性，変動性，そして消滅性である。

　また，品質的特徴として，サービスはあくまでも顧客によって評価されるという相対的なものであることが，絶対的評価による製造品との違いとなる。

　こうした特質から，サービスにかかわるインターンシップでは，特別に留意しなければならない点が出てくる。そこで，サービス提供にかかわるインターンシップにおいて，こうした考慮しなければならない点について取り上げていくこととする。

　なお，ここでサービス産業とあえて限定しないのは，たとえば製造業といっても，会社の組織全体を見てみれば，組織内でのサービス提供を行う部署，またメンテナンス，クレーム対応など，社外に対してサービス提供を行う部署があるのがほとんどだからである。つまり，製造業であれ何であれ，多少なりともサービス産業としての性質を有しているのであり，サービス提供に関して考えざるを得ないからである。

　そして，サービス産業以外のインターンシップであっても，特に大企業では，実際はその企業の中での何らかの形でのサービス提供に関する部署・役割において実施されることが多い。

　さて，サービスの有する上記4つの特徴のうち，この分野でのインターンシップの在り方を考える上では，まず「変動性」に注目してみよう。変動性とは，サービスを提供する人が変わればサービスの質も変わってくるということであり，サービスは属人的なものであるということを意味している。人によって性質も才能もまちまちであり，同じようなサービスを提供しようとしても，どうしてもその人の個性によって違いが生じてくることになる。そのため，インターンシップを行う際には，各人の個性を的確に見抜き，それに即した教育を実施しなければならない。つまり，実習効果が高いインターンシップでは，教育における個別性が強く求められるということである。

　このことは，反面においてインターンシップを実施する側に相当の知識と経験，負担が求め

られることになる。指導できる人数にもどうしても限度が生じるだろう。

1-2．マニュアルの重要性

　変動性を抑えるためのツールがマニュアルである。マニュアルに沿ってサービスを提供すれば，一定水準のサービスの質は担保される。また，何もないところから手探りで教えなければならない場合に比べて，教育負担も大幅に軽減されることになる。

　とはいえ，「適切」なマニュアルを作成することは容易ではない。単に手順を記述するのであればあまり労力を要しないだろうが，サービス提供においては，製造の場合とは違ってさまざまなアプローチが可能であり，それに提供者の個性がかかわってくる。ある人に適合したサービス提供マニュアルが，他者にも適合的であるとはいえない。ベストプラクティスをマニュアルにしても，それが誰にとっても実践可能なのか，あるいはそれに従うことがそもそもベストなのかということは判断するのが難しい。

　繰り返しになるが，サービス提供は，提供者の個性に大きく左右されるものであり，その個性を活かしてお互いが切磋琢磨し，よりよいサービスを生み出していくところにサービスの質の向上が期待されるのである。こうして考えると，インターンシップ指導者は（また新人教育においてもリカレント教育においても），その人の魅力をどのように引き出し，サービスの提供能力を高めるための手助けをすることができるか，つまりファシリテーターとしての役割が求められるといえるだろう。

　ただし，マニュアルの存在意義を全否定するわけではない。マニュアルがなければ，サービス提供者は，サービス提供を行う度にどうすればいいのかを一から考えなければならない。もちろん，真にサービス提供能力が高く，それだけに高い付加価値を追求できる人の場合には，毎回，こうした試練に立ち向かっていくことは困難ではないかもしれない。しかし，そうしたことができる人材は現実には限られている。一般的には，ある水準まではマニュアルに沿って思考しながら，その1歩先が提供できるかどうか，といったことが求められることになるのだ。マニュアルは，ルーチンワーク的な部分における精神的負担を取り除くことで，その負担軽減分をより創造的な付加価値の提供のための思考に回すことを可能とするのである。

　サービス提供のマニュアルを作成する際の重要な点は，どこまで自由裁量権を与えるかの線引きである。自由裁量権が大きすぎればマニュアルではなくなってしまう。そうかといってあまりに細かく規定してしまうと，現場での対応に適さなくなる。日々のサービス提供の場面では常に想定されないケースが出てくるものであり，想定できないがゆえに，その場での対応にゆだねざるを得ない。であるならば，インターンシップでは，マニュアルにそった教育よりも，現場で起こるイレギュラーを直接経験させ，それを社員と一緒に考えるということが有効であろう。それは，指導役の社員にとってはかなり荷が重いものとなろうが，本来のインター

ンシップの在り方からすれば新入社員に対する OJT（On the Job Training）と同じ水準の教育が求められる。実際，インターンシップが実質的に入社試験の一部となっているような場合はなおさらである。そうであれば，入社後，即戦力として人材を活かすことができ，採用する企業にとって効率的である。

　また，マニュアルは，その道の達人とみなされる人が作成すべきだという分析がある。それはまさにベストプラクティスとなるからであり，そうであるからこそ，他のものもそれに従う。もしマニュアルが現場をよく知らない，あるいはあまり現場での評価が高くないものがお仕着せ的に作成したものであれば，それはほとんど順守されないことになってしまうだろう。

　次に「無形性」「消滅性」についても考えてみたい。マニュアルの問題ともかかわってくるが，サービスは形を伴わないがゆえに，言葉で説明することが難しい。絵にかいて示すことはある程度できるかもしれないが，実際には動きをともなう。

　では動画ではどうか，となるが，すでに述べたように，その動画で想定される状況は限定的であり，状況に応じてどのように応用すればいいのかを網羅的に示すことはできない。これがものの扱い方といった形あるものに関する取り扱いマニュアルとちがってくるところである。そのため，再現性が低く，対応も，その評価も難しいものとなる。また，その行為は「消滅」してしまうために，事後の評価，振り返りが難しい。ビデオなどにその行為を記録しておけばよいが，実際に接客を行っている場面を撮影することは，プライバシーの問題があり，接客対象の人も嫌がるだろうし，いちいち許可をとらなければならないので本来業務にも支障が生じかねない。

　そうであれば，実際の接客を行いながら指導をする場合，インターンシップを行っている学生がどのような接客をし，どのような問題があったのかを後で振り返ることが困難である。少なくともインターンシップを受けている学生は緊張して接客の現場に臨んでいる可能性が高いので，自らの接客の仕方をどこまで覚えているか期待することは難しい。これは社員としてOJT を受けているものについてもあてはまることではある。

　しかし，新入社員の場合は，その段階に至るまでは相当な事前学習を受けているであろうし，覚悟のほども違うだろう。特に体験型，短期型のインターンシップの場合には，十分な事前学習，体験学習の機会を与えることはできないがゆえに，OJT と同じような指導を行うことはできない。

　実際，接客の現場では，スピーディーかつ洗練されたサービスの提供が求められているのであり，それを犠牲にして体験教育を受けさせることは，顧客が求めていることを提供できないことになり，場合によってはサービスの提供に手間取ったり，不適切な対応をすることでクレームの対象となり，会社に大きな損害をもたらすことにもなりかねない。顧客は自らの必要性を満たすためにサービスの提供に対してお金を払っているのであり，インターンシップ教育

のために本来受け取るべきサービスの低下を許容することを求めるのは理に反している。

　こうした事情から，より高い付加価値の提供が求められるサービス業ほど，現場での体験学習を実施することは難しく，どうしても「インプット型」，つまり，仕事の仕方を知識として教授する段階にとどまるものとなる。せいぜい学生間でロールプレイングを行うくらいが関の山となるだろう。たとえば，日本航空の場合，現時点では客室乗務のインターンシップでは接客の実習は行っておらず，インプット型のインターンシップとなっている。

2．航空会社の場合

2-1．キャビン・アテンダント

　ここからは，サービス産業の中でも「花形」の1つとされている航空会社，そしてそれに関連する会社のインターンシップの在り方について，担当者へのインタビュー調査を行った結果を紹介し，その分析を行ってみたい。

　航空業界は，2019年からのコロナ禍によって壊滅的といってもよいような大きなダメージを負った。その結果，キャビン・アテンダント（Cabin Attendant：CA）を始めとする採用は軒並み中止されることになった。航空産業への就職を希望する学生にとっては降ってわいた災難となった。しかし，国際化が進む中で仕事の面でも観光の面でも航空需要はコロナ禍が収束すれば再び加速度的に増加していくだろう。また，国内においてもLCCの活躍により，国内航空移動需要も増加していくはずである。そうなれば，CAをはじめとする航空業界における人材も急速に育成していかなければならない。

　実際ヨーロッパではコロナ禍で多くの航空人材をレイオフした結果，コロナ禍が収まりを見せ，再び活況を呈した2022年のバカンスのシーズンにおいて，人材が不足し，欠航便が相次いで発生したり，たとえば英国のヒースロー空港では，荷物を捌くことができず，空港内に旅行者の荷物が滞留し，大混乱に陥っている。

　日本の航空会社の場合には，レイオフをせず，配置転換を行ったり，社外に出向させることによって雇用を維持してきたため，彼らを現場に戻せばよいのだが，それでも一定期間復帰訓練を要する場合もある。いずれにせよ，今後の航空需要の回復・成長に備えて航空人材の採用は増えてくることが予想されるし，その採用活動をより円滑・効率に行うためのインターンシップも活発化することになるだろうと予想される。

　現状について2022年8月に日本航空にヒアリング調査を行ったところ，運航乗務，客室業務，業務企画の3つの分野に分けてインターンシップを計画しており，さらに業務企画については技術（整備職），事務，数理ITの3つのカテゴリーに分けている。調査実施時点において力を入れてインターンシップを進めているのは数理ITの分野とのことだった。その他の分野においては，コロナ禍の影響により，実施できていない。

　客室業務については，やはり現場での実習は難しいとのことであり，客室業務に関するインターンシップを実施する場合には，客室業務とはどのようなことを行うか，といった仕事紹介という形での 1 日から数日の短期研修にならざるを得ないとのことであった。というのは，インターンシップの機内実習として考えられるのは国内線であるが，国際線とは違って，国内線では短時間でさまざまな業務をこなさなければならず，インターンシップ生の面倒を見る余裕はないからだ。それに，そもそも，OJT であれば，搭乗勤務するまでに数か月にわたる訓練を行い，乗務を行うので，指導員の監督を受けながらも，チームの一員として分担された自分の職責を自力で行わなければならない。特に飛行中は地上の場合と違って，緊急時の対応力が重要となり，地上職とは違った次元での訓練を受けなければ乗務できない。この点が地上で勤務する職種と，客室業務のインターンシップと OJT との扱いの違いとなってくる。

　こうした事情があるため，客室業務についてはその現場での労働実態を実体験することができない。よって，他の職種のようにインターンシップによって実際の職場の雰囲気，労働実態が十分に把握できない状態で就職に臨まなければならない。その結果，自分が思い描いていた職業イメージと実態のずれが生じやすく，あこがれの職業とはいいながら長く勤務することにはならないことも多い。

　昨今，航空業界はコスト削減を徹底せざるを得ないほど生き残りの環境は厳しくなっている。1980 年代のバブル経済の頃までは客室をめぐる環境にもゆとりがあり，クルー（乗務員）は主としてパイロット出退勤の際にタクシーでの送迎がついたものだが，今では公共交通機関を使って空港まで出退勤を行わなければならない。乗務パターンもきつくなっており，体力的に大きな負担を感じる人も多くなっている。特に LCC についてはそのような懸念がある。

　ただし，うまくいっている LCC の場合は単にコストを切り下げるというだけではなく，社員のモチベーションをどのように高めるかという術にたけていることが多い。従来型の航空会社 (FSC: Full Service Carrier) に比べれば経営基盤は総じて厳しく，待遇面では劣るとしても，働き甲斐をもって活き活きと働いている人を多く見ることができる。これは，大企業である FSC とは違って，LCC は一般的に小規模であるために，全社員の関係が可視的であり，マルチジョブ化 (1 人の社員が複数の業務を行うこと) が求められていることも影響しているものと考えられる。

　業務を特定することは一見効率的なように思われるが，実際には働く側としては単調に感じてしまい，やる気がそがれ，かえって集中力を欠き，生産性を低下させることになる。これはフレデリック・テイラーの科学的管理法に対する批判の中で指摘されてきたことであり，現代では多能工化する方が，生産性が向上するとされている。LCC の場合には，人件費を抑えるためにマルチジョブ化しているのが主因ではあるものの，結果的に一人ひとりの生産性を向上させていることも見逃せない。この意味では，航空会社のインターンシップでは，LCC の現

場に立ち会う方が，一度に色々な面での話を社員から引き出せる可能性があるために面白いのではないかと思われる。

　以上，航空会社の客室乗務に関してはインターンシップに関していくつかの重要な視点があることを理解すべきである。

2-2．グランド・サービスの場合

　これに対して，地上での勤務（グランド・サービス）の場合には，インターンシップもより深いところまでサービス提供の現場を体験し，理解することができる。空港での航空関連サービスであるグランド・サービスにはさまざまな職種がある。

　まずは，チェックインや搭乗手続きなどを行うグランド・スタッフがある。現在では，ITによってかなり省力化されたが，だからこそ，ITで対応できない部分として人間に託された部分は，従来よりもより高度な接客技術が求められるようになっている。つまり，従来は単純なマニュアル対応ですんだものがITで置き換えられ，イレギュラー対応，クレーム対応などが主に残されているのだ。もちろん，従来型のチェックイン業務，搭乗サポート業務も行うのだが，それはあくまでも付随的なもので，今後この職種に求められるのはより個別性の高いサービス提供の技術である。

　こう考えると，ここでのインターンシップも本来的には客室業務と同様の難しさを有していることになる。ただ，客室業務の場合と違って，空中にいるという特殊状況にはないため，顧客対応にはある程度の余裕がある。インターンシップ生が何らかのサービス提供場面で行き詰ったとしても，監督者がそれをフォローすることがある程度可能である。それに，先述のように，従来型のチェックイン・サービスなどはインターンシップ生でもある程度，現場経験を積むことは可能である。実際にはシフト勤務になるため，そうした勤務体制に体力的に順応できるかどうかということ，あとは待遇面で受け入れられるかどうかの判断を労働実態とのバランスで判断できるかどうかがインターンシップを受ける側としての重要ポイントとなるだろう。

　他には，旅客から預かる荷物の取扱業務や，運航管理を行うディスパッチ（説明）部門などの航空機関連業務などがある。前者については体験学習が主となるだろうが，後者においては専門性が高いがゆえに，仕事紹介に終わる可能性が高い。

　ここで断っておきたいのは，筆者は仕事紹介にとどまるのが何も悪いといっているのではない。それだけ専門性が高いのだから，ぜひこの業務に魅力を感じて就職してほしいということなのだ。その職種につくためのハードルは高いけれども，それを目指すのに値するだけのやりがいのある仕事だということなのだ。

　サービスは概して誰でもがある程度慣れればうまく提供できると一般には思われている節は

あるが，そこから本当に高い収益を得るためには，高度な専門性が必要となる。それは，サービス提供者の天性によって左右されるものもあるだろうが，大部分は個々人の努力によっても獲得できるものでもある。このことをインターンシップ生が理解できるような工夫を，インターンシップを実施する側は考え，実施すべきである。

3.　サービス業におけるインターンシップの参加意識

　以上，サービス産業においてインターンシップを行う場合に留意しなければならないこと，そして，その具体例としての航空産業について考察してきた。サービス業という特殊な分野に関する分析というよりは，これまでにも述べてきたように，どのような産業においてもサービス提供という側面はあるために，ここでの議論はある程度まで普遍性をもつものであると理解することができるだろう。そのため，インターンシップを企画する側としては，どのような産業においてであれ，サービス産業の特質を理解し，それに伴う限界性を意識しながら，それでも最大限のインターンシップの効果を達成するためにはどのような工夫をすればよいかをしっかり考えなければならない。

　インターンシップ生に対しては，サービス産業，そしてそれに類する職場におけるインターンシップがどのような特質をもっており，それがゆえに当該インターンシップがどのような意義ならびに限界を持つのかを的確に伝えたい。インターンシップ生は，自らの参加意識を高めることが望まれる。

（戸崎肇）

引用・参考文献

服部勝人（2008）『ホスピタリティ・マネジメント入門』第 2 版，丸善

第 8 章

地方創生とインターンシップ

　本章は，地方創生の観点から，地方の大学と自治体，企業などが協働して取り組んでいるインターンシップについて取り上げる。

　地方では，人口流出の問題や企業の人手不足感から，若者の地方回帰や地方定着の流れを一層促進していくことが喫緊の課題となっている（内閣府，2021）。これら地方が抱える課題の解決策としてインターンシップが注目され，推進が図られている。

1．地方創生の観点から取り組まれているインターンシップについて

　わが国は，少子高齢化の進展やそれに伴う人口減少に直面している。特に東京圏における過度な人口集中を是正し，各地域の特徴を活かした自律的で持続的な社会の創生が大きな課題となっている。このような背景の中で 2014 年に「内閣官房まち・ひと・しごと創生本部事務局」と 2016 年に「内閣府地方創生推進事務局」が設置され，地方創生の推進に向けたさまざまな施策が取り組まれている[1]。

1-1．地方創生インターンシップについて

　その中で，就職時に若者が地方から首都圏に流出していくという課題を解決する取り組みとして「地方創生インターンシップ」[2]が推進されている。「地方創生インターンシップ」とは，東京圏（東京都，埼玉県，千葉県，神奈川県）在住の地方出身学生などの地方還流や，地方在住学生の定着を促進することを目的に，地方の産官学が連携し，地方企業での就業体験の実施を支援する取り組みのことである。地方自治体が中心となり，地方の大学や企業（主に中小企業）と連携し，全国的に展開が図られている。特に地方自治体が「地方創生インターンシップ」を積極的に取り組むことで，人材育成の観点だけでなく，地方企業の人材確保支援，産業振興，移住・定住促進，まちづくり，関係人口創出など，自治体の幅広い施策にもつながる（内閣府地方創生推進室，2019）。

1-2．インターンシップを活用した地域を担う人材育成

　一方，地方の大学群が中心となり，地方自治体・企業や NPO，民間団体と協働し，地域を担う人材育成を推進することを目的とした取り組みとして，文部科学省の「地（知）の拠点大学による地方創生推進事業（COC+）」[3]がある。本事業は，「地方創生インターンシップ」と同

じく，若年層人口の東京一極集中の解消を目指し，地域就職率の向上につなげる取り組みの1つとしてインターンシップの推進が図られた。

しかし，松高（2018）は，事業の補助金が終了した後も地域で連携を維持・発展するための課題として「予算の確保」と「人員の確保」の2点をあげている。また，独自に予算と人員を確保するためには，各地域のノウハウや好事例などを参考にしながら，存在価値を高め，地域からの信頼を獲得することが重要なポイントになると指摘している。

そこで本章では，地域を担う人材育成や地方定着の促進を目指し，前述した課題に向き合い，さまざまな工夫をしながら取り組んでいる地方大学のインターンシップ事例を取り上げる。

2. 地域のステイクホルダーとの多様な関わりを学びにつなげる ―新潟大学の事例―

新潟大学では，1学年およそ2千数百名のうち，卒業後に新潟県内，および山形，長野，富山，福島などの近隣県で就職する学生が全体の6割程度を占める。地域社会の将来を担う中核的な人材の育成・輩出という面で，大学へかかる期待は大きい。

2-1. 多様な正課科目，準正課の取り組み

新潟大学教育基盤機構内の未来教育開発部門では，筆者などが中心となり，地域のステイクホルダーとの多様な関わりを重視した複数の全学部向け教養科目，準正課での取り組みを実施している（表1.8-1）。

これらの科目や取り組みはいずれも「インターンシップ」という名称を掲げてはいない。しかし，就業体験，地域の課題解決活動，個人的な生き方・働き方を語る社会人との対話，自分発の関心ごとを地域の中で実現する活動など，さまざまな形態をとりながら，学生はそこで地方企業（そこに属する社会人）と関わる機会をもつ。そこで目指すのは，学生にとっての「社会・他者の存在を介したインパクトある学び」と，企業・地域側の重層的な学生（大学）との関わり方の実現である。

こうしたコンセプトの異なる複数の授業や取り組みを準備する背景には，地方企業（人）と接点を持つ機会を，関心の方向性や活動に注ぐ時間・時期が異なる多様な学生に提供しようという意図がある。これまでの実践経験からも，ただ「地方企業へのインターンシップ」と謳うだけでは，ある程度決まった学生層しか集まらない。たとえば，表1.8-1のA・Eなら，よりチャレンジングな経験を志向し，大学生活の一定の時間・エネルギーをそこに割くことを厭わない学生，同じくBなら特定の産業テーマ（観光・農業など）に関心を持つ学生，Dなら昨今の時流に沿ったキャリア形成に関心を持つ学生といったように，多様な学生層の関心を惹きつける授業や取り組みを試みている。また，企業などにとっても，その時々の必要性や関わる程度に応

じた学生との接点を選択することが可能になる。

　一方，それだけ間口を広げれば，当然それぞれの授業・取り組みの設計・運営にかかる手間と労力は増大し，継続した安定的な運営体制を確保することは常に課題となる。教職員の協働，予算・交通手段の確保，企業などのコーディネートの仕組み（協力関係の構築）などが大学に求められる。他機関との連携という点では，本学でも表1.8-1にあるとおり，取り組みごとに地域の多様なステイクホルダーと連携を図りながら，受入（協力）先の開拓，取組課題の抽出，プログラムの共同実施などの工夫を行っている。

2-2．経験から得る学び，気づき

　学生の学びの側面から見ると，各科目と取り組みには，内容や活動のボリュームに応じた学習のねらいや目標がある。表1.8-1のBでは，1つの課題をめぐって複雑に絡み合う特定地域内の多様なステイクホルダーの存在を念頭に置いている。企業，農家・商店などの個人事業者，自治体の産業支援セクター，その地域の活性化を願う一般市民など，それら当事者同士が，必ずしも皆共通の課題認識や解決への方向性を有している訳ではない。そうした異なる立場のステイクホルダーに取材と調査を重ねることで，学生は，問題の捉え方や解決の優先順位は立場

表 1.8-1　全学部向け教養科目，準正課での取り組み

種類	科目・取り組みの特徴	概要	連携するステークホルダー	対象
A	3〜4週間の長期インターンシップと事前事後学習	夏休みを利用した新潟県内の中堅中小企業での実習。就業体験のほか業務に沿った課題などに取り組む。実習の経験後，キャンパスでの学びをどう意味づけていくかに主眼を置く。	新潟県内の中堅中小企業　地域のコーディネート団体（公益社団法人つばめいと）	1・2年
B	自治体・企業等の双方が関係する地域の産業課題の調査・提案	特定のエリア・産業に紐づいた課題について，ステイクホルダーへの取材と調査を重ねながら理解を深め，課題解決に向けた提案と実践活動を行う。	近隣自治体の産業支援セクター，企業や農家などの個人事業主，地域おこし協力隊など	全学年
C	1週間で複数の地元企業を巡り，魅力を発見するプレ・インターンシップ	異なる複数の企業をそれぞれ半日〜1日ずつ体験し，自分たち学生の興味・価値観とその企業との接点を探る。定量化した学生のアンケート結果を受入企業にもフィードバック。	新潟地域連携コミュニティ（地域の経済団体・企業・自治体・大学などが参画），新潟県内の複数大学から学生が参加	主に1・2年
D	ゲストスピーカーの地域とかかわる生き方・働き方を学ぶ講義	新潟県内の2〜3の地域から毎回多様なゲストを迎え，各々の地域とかかわる仕事やライフスタイルなどを教員との対話を通じて掘り下げる。	自治体の関係部署，その地域で活躍する個人ゲスト（自治体職員，会社員，地域おこし協力隊，起業家など）	全学年
E	学生が自らの関心ごとを地域の中で実現する活動	準正課の取り組みとして，学生が自分の関心ごと（地域活性化，特技の発揮など）を実現させるため，社会人メンターの支援なども受けながら個々で活動する。	同様の活動を行う新潟県内の高校教員，教育支援NPO，社会人メンター	全学年

によって異なり，地域の各々の立場だからこそ見えているものがあることを学んでいく。さらに，これらの経験が将来の働き方についての学生の視野を拡げ，地域で奮闘するさまざまなプレーヤーの姿に，自らに合った社会への関わり方で働く自身の姿を学生は重ね合わせることができる（高澤・藤村，2020）。

また表1.8-1のAでは，学生が企業で比較的長い期間実習を経験し，リフレクションを行うことで，社会・業界・仕事について理解するだけでなく，その後の大学生活にも通ずる自らの思考・行動特性（課題と向き合う姿勢）への気づきも深めていく。低学年次での数週間の課題解決型インターンシップは，学生・地方企業の受入担当者の双方にとって非日常の世界である。そのため，WEB上での活動日報のようなツールを活用し，学生・企業担当者・教員の三者が感想とフィードバックを即座に共有することで，学生のタイムリーな気づきと行動の変容を促している。教員は，そこで得た考え方・振る舞い方を，大学生活の異なる場面でも活用するよう学生に指導する。そうしたプロセスは，自らを大きく成長させてくれた存在として，学生が受入先の地方企業を認識することにもつながる。

これらの例では，キャンパスの外の世界（地域）と交わって「何に取り組むか」はもちろんのこと，そのコンテンツを通じた地域のステイクホルダーと学生との関係性をどのようにデザインしていくかが，ことのほか重要である。

こうしたキャンパス内の関係性にとどまらない地域での学習機会から，学生が得るものは多い。将来のキャリアに見通しをもつだけでなく，社会・他者と密接に関わり合って学ぶ姿勢の獲得，学内外の多様な学習資源を意味づけて取り入れようとする学習行動への変化（高澤・松井，2021）など，そこにはおおいなる学びの可能性が広がっている。

3. 就業体験を地域体験に包含する「地域志向型インターンシップ」 ―岩手県立大学の事例―

岩手県におけるインターンシップ関係者の中で「地域志向型インターンシップ」と呼ばれるインターンシップの取り組みがある。前述の「地（知）の拠点大学による地方創生推進事業（COC＋）」の「ふるさといわて創造プロジェクト」における「"いわて"で展開する多様なインターンシップ」[4]のひとつの類型にもあげられた地方創生を目的としたインターンシップである。ここでは2022年夏期に実施された岩手県内3地域の実施概要（表1.8-2）から，その特徴を述べたい。

3-1. 地域志向型インターンシップの特徴

特徴1は，インターンシップの実施主体（インターンシップ学生の取りまとめ）が，地方自治体または地域の公共団体になっている点である。地方創生を意図し，「特定の地域」での就業

を中心とした体験を学生に提供することに重きをおいたプログラムの企画・実施のため，最も自然な形の実施主体であるといえる。運営は，ノウハウと熱意のある団体に委託される（表1.8-2 の A・C）こともあるが，後述する予算の確保と地域の関係者が連携してプログラムを運営する上で，行政が果たす役割は大きい。

　特徴 2 は，就業体験部分に「特定の地域」の特徴ある産業を担う事業所や企業などを含めて，学生が自分の興味に応じて選ぶことができるよう複数のコースが設定される点である。さらにこの複数のコースは期間，日程を同じくして同時並行で行われる。同時並行であることで，異なるコースで就業体験をしている学生であっても 1 日単位の振り返りや期間中のグループワークを合同で行うことができるようにプログラムを組むことができる。そこでは同じ事業所での体験の認識や意味づけの違いを共有することはもちろん，体験していない事業所での報告も共有される。こういった学生同士の情報共有や意見交換によってその地域における就業の多様性や多面性を理解することができる。

　特徴 3 は，就業体験と合わせて，その地域全体を理解する機会やその地域での生活そのものを体験させる内容が組み込まれている点である。プログラム全体を通して，その地域の人・物・事・情報にできるだけ触れさせる工夫がある。地域の人との交流においては，自分が参加した企業の担当者はもちろん，他のコースの企業担当者や地域の若者（先輩である卒業生など），地域創生の担い手として活躍している当事者などとのグループワークや懇親の機会がある。また，意図的にその地域を見学・観察する時間や地域の行事に参加する時間が設けられている。地域志向型の先駆けとなった A の取り組みは，「地域で働くことは地域で暮らすこと」というフレーズで特徴を表現しており，プログラム全体での体験をもとに，このことを学生一人ひとりに考えさせるものとなっている。

表 1.8-2　岩手県における「地域志向型インターンシップ」

種類	名称	主催 （運営）	コース	期間	コース毎の 就業体験以外の内容
A	岩泉型インターンシップ	岩泉町 （一般社団法人）	農業コース 林業コース 製造業コース 観光・小売業コース 公務コース	8日間	地方創生・地域づくりに関するグループワーク，参加者全員での振り返りミーティング，OB OG との交流など。期間中はコテージで合宿形式の共同生活を行う。
B	葛巻型インターンシップ	葛巻町	公務＆ワイン製造コース 公務＆ホテルコース 公務＆牧場コース まるごと公務コース	5日間	地域行事への参加，OB OG との交流，職員・社員との交流など。期間中は町内宿泊施設に滞在する。
C	にのへ Internship Week	二戸市 （雇用開発協会）	公務（二戸市，一戸町，軽米町，九戸村）とそれぞれの地域の事業所の組み合わせで 5 コース	5日間	地域とライフスタイルを考えるワークショップ，Welcome Party，企業担当者との懇親，地域おこし協力隊との懇談，成果報告会など。期間中は地域内温泉施設に滞在する。

　特徴4は，交通費や宿泊費の補助がある点である。地域志向型インターンシップには，その地域の出身者以外の学生が参加することもあり，交通費や宿泊費の負担がハードルになるケースがあった。そのため，それらの経費を行政の予算で確保し，学生の自己負担が少なくなるように配慮されている。その結果，インターンシップ期間中は地域に滞在することができ，地域での生活体験を組み込んだプログラム（特徴3）を学生が体験できる。また，宿泊費については個人への補助ではなく宿泊施設を確保し，学生をそこにまとめて宿泊させる方法を取っている。これらにより，参加学生同士の交流がしやすくなり（特徴2），そこからの通勤手段の手配も容易になるなど，当該プログラムが効果的に運営しやすくなっている。

　以上4つの特徴を持つインターンシップが，岩手県で取り組まれている「地域志向型インターンシップ」である。2016年に岩泉町から始まったこのプログラムが県内のほかの地域にも広がった[5),6),7)]。この「地域志向型インターンシップ」は，県内3大学が協働で企画運営するインターンシップ情報ポータルサイト「インターンシップ in 東北」[8)]の中で大学側が開拓した事業所毎に行われる一般的なインターンシップのプログラムと併せて学生に提示されている。「地域志向型インターンシップ」は，毎年多くの学生が参加を希望し，2022年においても人気のあるプログラムとなっている。

3-2. 地域志向型インターンシップの可能性と課題

　地方大学において，学生が出身地域や大学のある地域を卒業後の就業地として希望する場合の希望職種は「公務員」が多い。前述の「インターンシップ in 東北」でも公務員の仕事を体験できるインターンシップには，毎回定員を上回る申込者がある。「地域志向型インターンシップ」は，主催者が地方自治体や公共団体であることから学生の目に留まりやすく，公務員の仕事を体験できるプログラムも明示されている。公務員への興味がきっかけで参加することになっても，それ以上にその地域のさまざまな産業を理解し興味をもつ機会になっていることが参加学生の振り返りで多く見られる。さらに「地域志向型インターンシップ」は，地域に滞在し非日常に没入して行うため，当該地域への移住・定住はもちろんコロナ禍になって浸透したリモートワークやワーケーションといったスタイルに代表される働き方やライフスタイルの変化をインターンシップの機会に実感できる可能性もある。そのため，今後もインターンシップの一つの形態として多くの学生に提供していきたいプログラムだが，関係者の協力を取り付け，地域の特色を生かしたプログラムにまとめるコーディネーターと実施期間と規模に見合う予算の確保が必須な課題となっている。

（松坂暢浩・高澤陽二郎・高瀬和実）

注） ————————————

1) 内閣官房ウェブサイト「地方創生に関する取り組み」(https://www.cas.go.jp/jp/seisaku/tihousousei/index.html：20221027 最終閲覧)
2) 内閣官房ウェブサイト「地方創生インターンシップ」(https://www.chisou.go.jp/sousei/internship/aboutsite.html：20221027 最終閲覧)
3) 文部科学省 (2015) 地 (知) の拠点大学による地方創生推進事業 (COC+) (http://www.mext.go.jp/a_menu/koutou/kaikaku/coc/：20221027 最終閲覧)
4) ふるさといわて創造プロジェクトウェブサイト「"いわて"で展開する多様なインターンシップ」(http://cocplus.iwate-u.ac.jp/about/internship/：20221027 最終閲覧)
5) 岩泉型インターンシップ (https://tohoku-is.jp/search/?ac=d&ci=6513：20221027 最終閲覧)
6) 葛巻型インターンシップ (https://tohoku-is.jp/search/?ac=d&ci=6487：20221027 最終閲覧)
7) にのへ Internship Week (https://tohoku-is.jp/search/?ac=d&ci=6558：20221027 最終閲覧)
8) インターンシップ in 東北 (https://tohoku-is.jp/：20221027 最終閲覧)

引用・参考文献

高澤陽二郎・藤村忍 (2020)「複数の当事者の視点から地域課題理解をはかる実習科目の開発と実践」新潟大学教育・学生支援機構『新潟大学高等教育研究』(7)：45-50

高澤陽二郎・松井賢二 (2021)「正課内外での複数の文脈を経験した大学生の学びの意味づけに関する探索的検討：大学生の成長理論に照らして」大学教育学会『大学教育学会誌』43 (2)：60-69

内閣府 (2021)「まち・ひと・しごと創生基本方針 2021」

内閣府地方創生推進室 (2019)「地方公共団体職員のための地方創生インターンシップ実践資料集」

松坂暢浩 (2017)「地域の企業と大学が連携した人材育成」『キャリア形成支援の方法論と実践』東北大学出版会：293-308

松高政 (2018)「地域連携組織におけるインターンシップに関する実証的研究」京都産業大学『総合学術研究所所報』(13)：81-97

第 9 章

SDGs とインターンシップ

　本章では，まず近年 SDGs（Sustainable Development Goals）[1] が叫ばれるようになった背景について説明し，インターン生の受入先である企業が SDGs をどのようにとらえているのか，CSR（Corporate Social Responsibility：企業の社会的責任）の視座からこれを解説する。その上で，企業の視点からみたインターンシップとインターン生の視点からみるべき SDGs について触れ，最後に CSR 実践企業のインターンシップの事例を紹介する。

1. SDGs の潮流

1-1. SDGs に至る流れ

　2020 年代に入り，「SDGs」は TV や新聞などで連日のように見聞きするようになった。SDGs は 2015 年 9 月に国連の国際目標としてスタートしている。突然登場したように感じられるが，SDGs が採択されるまでには実に半世紀近くを要している。まずはその流れを簡単に振り返ってみよう。

　端緒は 1972 年の国連人間環境会議で「人間環境宣言（ストックホルム宣言）」が採択されたことである。この会議は世界で初めての環境保全に関する取り組みについての政府間会合となった。これに先駆け民間研究機関により『成長の限界──ローマ・クラブ「人類の危機」レポート』が発表され，急速な経済成長や人口増加により地球上の資源の有限性や環境面での制約が明らかにされている。

　1987 年には日本の提唱に基づき国連内に設置された環境と開発に関する世界委員会（ブルントラント委員会）で「地球の未来を守るために（Our Common Future）」という報告書がまとめられた。その中心理念は「持続可能な開発（sustainable development）」[2] であり，初めて国連で "sustainable" という言葉が使われその後一般に定着するきっかけとなった。

　そして 2000 年の国連ミレニアム・サミットで「国連ミレニアム宣言」が採択され，この宣言と 90 年代の国際会議やサミットで採択された国際開発目標である MDGs（Millennium Development Goals）が 2015 年までの期限つき目標として設定された。

　2012 年には「リオ + 20」と名づけられた国連持続可能な開発会議（UNCED）が開催され，持続可能な開発および貧困根絶の文脈におけるグリーン経済，そのための制度的枠組みについて実効性のある成果が求められ，MDGs を補完し，より総合的・包括的にした SDGs が提案さ

れ，2015 年に開催された国連持続可能な開発サミットにおいて「我々の世界を変革する：持続可能な開発のための 2030 アジェンダ」が採択され，SDGs がスタートすることとなった。

1-2. SDGs と ESD，ESG の関係

SDGs は「持続可能な開発目標」と訳されるが，SDGs を語る上で忘れてはならない言葉に ESD と ESG がある。

まず ESD（Education for Sustainable Development）であるが，「持続可能な開発のための教育」と訳される。現代社会には気候変動，生物多様性の喪失，資源の枯渇，貧困の拡大など人間の開発活動に起因するさまざまな問題が山積みとなっている。ESD は think globally, act locally の行動姿勢に基づき，こうした社会課題について身近なところから取り組む持続可能な社会の創り手を育む教育のことをいう。ESD は 2002 年のリオ＋10 でわが国が提唱した考え方であり，UNESCO（United Nations Educational, Scientific and Cultural Organization：国際連合教育科学文化機関，ユネスコ）を主導機関として国際的に取り組まれ，SDGs の目標 4「質の高い教育をみんなに」のターゲット 4.7 に位置づけられている[3]。国内においても 2006 年に「国連持続可能な開発のための教育の 10 年」実施計画が策定され[4]，2008 年の幼稚園教育要領および小学校・中学校の学習指導要領，2009 年の高等学校の学習指導要領において持続可能な社会の構築の観点が盛り込まれたことで，ESD の考え方に沿った教育が実施可能となった。

次に ESG とは Environment（環境），Social（社会），Governance（ガバナンス）を組み合わせた言葉である。2006 年に国連のアナン事務総長（当時）が機関投資家[5]に対し，ESG を投資プロセスに組み入れる「責任投資原則」（PRI；Principles for Responsible Investment）を提唱したことで，ESG に配慮した企業に対して投資を行う ESG 投資が意識され始めた。これまで企業の価値を測る材料としては定量的な財務情報が用いられてきたが，ESG 投資は投資家に ESG という非財務情報の要素を考慮した投資を促すこととなった。ESG 投資において考慮される課題と SDGs の目標やターゲットには共通点も多いため，結果として SDGs の達成に貢献することに繋がることになる。

1-3. 国内における SDGs の現状

2018 年から毎年電通が実施している「SDGs に関する生活者調査」によると，SDGs の認知度は第 5 回目の 2022 年 1 月は第 4 回の 2021 年 1 月より 31.8 ポイント上昇して 86.0％となり，この 1 年間で急激に上昇している。性別・年齢別認知度ではこれまで低かった 60 代，70 代の男女の認知度が大幅に上昇しているが，これはコロナ禍の巣ごもり中の TV 番組の影響が大きいといえよう。SDGs の理解度はすべての世代で上昇しているもののなかでも 10 代の理解度が 52.5％と飛び抜けて高い。これは前述した ESD の影響が大きいと考えられる。

企業の SDGs の認知度をみてみると，GPIF（年金積立金管理運用独立行政法人）が 2020 年に大企業に実施した認知度調査では 96.4％の認知率であり，中小企業基盤整備機構が 2022 年に中小企業向けに実施した認知度調査では 84.0％の認知率となっている。SDGs 推進本部が決定した「SDGs アクションプラン 2022」では「SDGs 採択から 6 年が経ち，日本国内で SDGs に関する認知度は大きく高まり，ESG 投資の拡大などを受けて，企業経営に SDGs が浸透した」としており，認知から実践へと，次のフェーズへの移行が始まっているといえよう。

2．CSR とサステナビリティの関係

2-1．CSR

CSR とは，企業が本業や本業外の事業を通じて，自社のステイクホルダー[6]に対して当然負うとされる任務や義務のことでステイクホルダーに対する環境変化に対応する能力をいう。CSR と慈善活動（フィランソロピー）や文化芸術活動支援（メセナ）などの社会貢献活動は同じではない。企業の事業活動の中で特に社会課題をビジネスの手法で解決する事業をソーシャルビジネスと呼ぶ。

CSR は 20 世紀に入ってからの欧米発祥の考え方であり，類似した考え方として，日本には 18 世紀頃より近江商人の「三方よし（売り手よし，買い手よし，世間よし）」や「陰徳善事（人知れず善い行いをする）」があるとされる。両者の考えが最も異なるのは，CSR が情報公開に積極的であるのに対し，三方よしではこの点に触れていない点である。

2-2．サステナビリティ

SDGs の達成のためには，政府や行政だけでなく企業の協力が不可欠である。企業は人間と異なり寿命がないゴーイングコンサーン（継続企業の前提）であるとされ，社会に生かされている存在でもある。松下電器産業株式会社（現パナソニックホールディングス株式会社）の創業者であり経営の神様と称された松下幸之助は，「企業は個人のものではなく社会のものである」という考えを「社会の公器」と呼んだ。しかし現実には企業であっても外部環境や内部環境の変化により倒産したり，廃業したりすることがあり，存続し続けることは難しい。企業が事業を持続し続けるためには，そのための経営戦略が必要となる。

2-3．経営理念

経営理念は企業の方向性を指し示すものであり，事業活動を進めるにあたり，北極星的な役割を持つ。しかし柴田（2013）によると経営理念は多くの研究者によりさまざまな定義づけがなされてきたが，現在においてもその定義は定まっていないという。その理由の 1 つは，日本においては企業理念，基本理念，社是，社訓，綱領，経営方針，経営指針など，アメリカ

でも Management Creed, Management Philosophy, Basic Objectives, This We Believe, Primary Responsibilities, Policies など, さまざまな用語が同義で使用されることがあるためである。なお, SDGs の文脈で経営理念を語る場合は「パーパス((企業の) 存在意義)[7]」が使われることが多い。

　北居・松田 (2004) によると, 経営理念には一定の機能や効果があるとされ, 大きく分けると企業の内部を統合する機能と外部に適応する機能があるという。わかりやすく説明すれば, 「内部統合機能」とは社内の方向性を示してまとまりをつくり, 「外部適応機能」とは社外に自社活動の方向性の正当性を示すことで, ステイクホルダーである「社会」に受け入れられる状況をつくる機能といえる。

　太田 (2008) によると, CSR 項目と経営理念は関連性が高いとされる。多くの CSR 指南書では, ビジョンを決めてからその達成のために各企業が重視するステークホルダーに対し, 本業において何を実践していくのか, という流れで CSR の実践を説いていることが多い。確かにビジョンは経営理念から描きだされたその企業の「未来のあるべき姿」であるから, CSR を実践していくためには明確である必要がある。それ故, CSR の実践には, その前提として経営理念が策定され, 明示されている必要がある。

2-4. CSR と SDGs

　CSR を実践するためには自社の経営理念を明確に定めた上で, 企業はそれを自社独自の戦略に落とし込んでいく必要がある。いわゆる経営戦略としての CSR, 戦略的 CSR である。これにより CSR をコストとしてとらえるのではなく, 将来に向けた投資として CSR を実践することが可能となる。

　しかし戦略的 CSR を実践するためには多くの経営資源が必要となるため, 大企業には可能でも, 経営資源の乏しい中小企業には困難であった。何故なら中小企業は特に人的資源が乏しいため, 経営理念を戦略として落とし込み事業計画を立案する余裕がなかったからである。

　SDGs は国連が 17 の目標と 169 のターゲット, 232 の指標を定めており, これらは国際的な社会課題を解決するための道標でもある。加えて SDGs を自社の経営戦略と整合させ, SDGs への貢献を測定し管理するための指針となる考え方を提示する SDGs コンパスも併せて提供された。

　つまり, 企業規模にかかわらず SDGs と CSR を結びつけやすい環境が整備されたのである。それ故, SDGs を実践することは自社の戦略的 CSR を実践することに繋がるのである。言い換えれば SDGs は CSR をわかりやすく実践するためのツールであるということもできる。

3．SDGs とインターンシップの関係

　世界的に ESG 投資が叫ばれるなかで，企業が自社の持続可能性を考え SDGs への対応を意識することは当然といえる。その 1 つがインターンシップへの対応といえよう。インターンシップを SDGs の目標に当てはめると「4　質の高い教育をみんなに」，「8　働きがいも経済成長も」，「12　つくる責任つかう責任」の 3 つの目標からそれぞれ「4.3　2030 年までに，全ての人々が男女の区別なく，手の届く質の高い技術教育・職業教育及び大学を含む高等教育への平等なアクセスを得られるようにする。」，「4.4　2030 年までに，技術的・職業的スキルなど，雇用，働きがいのある人間らしい仕事及び起業に必要な技能を備えた若者と成人の割合を大幅に増加させる。」，「8.5　2030 年までに，若者や障害者を含む全ての男性及び女性の，完全かつ生産的な雇用及び働きがいのある人間らしい仕事，並びに同一労働同一賃金を達成する。」，「8.6　2020 年までに，就労，就学及び職業訓練のいずれも行っていない若者の割合を大幅に減らす。」，「12.8　2030 年までに，人々があらゆる場所において，持続可能な開発及び自然と調和したライフスタイルに関する情報と意識を持つようにする。」の 5 つのターゲットに該当すると考えられる。

　企業は学生の就業体験だけでなく自社の採用活動や従業員教育も考えてインターンシップを実施していると考えられる。企業にとっては，これらの SDGs の目標およびターゲットと各社の経営理念に基づく戦略的 CSR がどの程度の深度で結びつくのか，加えてインターンシップにより自社の仕事に学生が適応できる能力を備えているかどうかを見極められるか，が重要となる。一方，学生にとっては，インターンシップは企業での就業体験を経て自分の能力を見極める機会であるだけでなく，自身が受けてきた ESD の成果を確認する場であるともいえる。たとえばインターン先が SDGs を標榜する企業ならば，SDGs ウォッシュ[8]とは何かについて考える機会ととらえることもできよう。

4．CSR 実践企業のインターンシップの事例

　神奈川県横浜市戸塚区に本社を構える株式会社大川印刷は，1881（明治 14）年創業の老舗印刷会社であり，資本金 2,000 万円，従業員数 40 名（2022 年 3 月末現在）の同市を代表する CSR 実践企業である。6 代目の大川哲郎は父を医療事故で亡くしたことがきっかけとなり，2005 年に 38 歳で代表取締役に就任した。

　大川印刷の現在の経営理念は「私たちは "幸せ" を創造するまごころ企業を目指します―YOKOHAMA まごころ印刷所―」であり，これは大川が社員とともに考えたものである。同社は大川が代表に就任する前後から社会課題の解決に取り組み始め，特に本業である印刷業界では難しいと考えられてきた環境負荷を低減する試みである「環境印刷」を掲げ，その実現を目指した。その結果，同社はジャパン SDGs アワード・パートナーシップ賞（2018 年），

図 1.9-1　動画配信によるインターンシップの成果報告

図 1.9-2　配信の内容を企業ブログで紹介

KAIKA Awards 2020・KAIKA 賞（2021 年），横浜型地域貢献企業・プレミアム表彰（2018 年）など数多くの表彰を受けている。

　大川印刷がインターンシップを始めたのは 2008 年からで，2022 年 8 月現在までの 18 年間で，73 名の学生を受け入れている。受け入れのきっかけは 2002 年に大川が学生起業家と出会い，学生の可能性に関心をもったことに始まる。同社のインターンシップ受け入れ目的は，① 会社を元気に，② 社員が若い人（インターンシップ生）を教えられる「人財」に，③ 学生のアイディアを事業化するの 3 点で，インターンシップを自社で行う戦略的 CSR と結びつけている。たとえばインターンシップの内容は，学生が自身の希望に応じて選択することができるが，3 種類の選択肢は採用と大学教育の未来に関する産学協議会が定める 4 類型のうち「キャリア教育」に相当する簡単な就労体験や同「専門活用型インターンシップ」に相当する社会課題解決プロジェクトへの参加，あるいはその立上げとなっている。

　これまでさまざまな社会課題解決プロジェクトが立ち上がったが，2008 年にインターンシップ生のアイデアから生まれた国内在住外国人のための「おくすり手帳プロジェクト」は多言語版おくすり手帳に発展し，現在まで続いている。また 2009 年にはインターンシップ生が取材・編集し，年に 2〜4 回発行される広報誌「CSR の和」が刊行され，こちらも現在まで続いている。

　コロナ禍の 2020 年，多くの中小企業がインターンシップの実施を見送ったが，学生の就業体験を重視する大川印刷はいち早くオンライン型インターンシップを開始した。通常業務をテレワーク化したため，オンライン型インターンシップでは，業務説明や研修，朝礼・終礼はリモートで行い，成果発表は図 1.9-1，図 1.9-2 のように動画配信やブログを積極的に活用するなど，従業員とインターンシップ生の安全を確保しながら，本業を通じた社会課題の解決に取り組んでいる。

（柴田仁夫）

注)

1) SDGs のコンセプトは「だれ一人残さない（No one left Behind）」であり，17 の目標と 169 のターゲット，232 の指標で構成された．2030 年のあるべき姿に向けた道筋を示した国際間の目標のことをいう．

2) 環境省の HP では「将来の世代の欲求を満たしつつ，現在の世代の欲求も満足させるような開発」のこととしている．

3) ターゲット 4.7 は「2030 年までに，持続可能な開発と持続可能なライフスタイル，人権，ジェンダー平等，平和と非暴力の文化，グローバル市民，および文化的多様性と文化が持続可能な開発にもたらす貢献の理解などの教育を通じて，すべての学習者が持続可能な開発を推進するための知識とスキルを獲得するようにする．」である．

4) 2011 年，2016 年に改訂．

5) 大量の資金を使って株式や債券で運用を行う大口投資家のことで，保険会社，投資信託，年金基金などをいう．

6) 企業の組織活動で影響を受ける対象をいい，利害関係者と訳される．ステイクホルダー（stakeholder）には株主，顧客，従業員，取引先，地域社会などがある．

7) 2009 年の TED トークでサイモン・シネックが「Why=Purpose（存在する意義）」について触れたことが最初とされ，世界最大の資産運用会社であるブラックロックの CEO ラリー・フィンクが 2018 年に世界の大企業 1,000 社に「A Sense of Purpose」と題した年次レターを送付したことで話題となった．

8) 実態が伴わないのに「SDGs」を自社の強みとして見せかけたり，取り組んでいないのに「SDGs」に取り組んでいるように見せることをいう．

引用・参考文献

ESD—J HP（https://www.esd-j.org/：20220818 最終閲覧）

大川印刷 HP（https://www.ohkawa-inc.co.jp/：20220818 最終閲覧）

太田進一（2008）「中小企業経営と CSR」小林俊治・齋藤毅憲編著『CSR 経営革新 組織の社会的責任・ISO26000 への拡大』中央経済社，87-106 頁

環境省 HP（https://www.env.go.jp/policy/hakusyo/h29/html/hj17010101.html：20220818 最終閲覧）

北居明・松田良子（2004）「日本企業における理念浸透活動とその効果」加護野忠男・坂下昭宣・井上達彦編著『日本企業の戦略インフラの変貌』白桃書房，93-121 頁

Global Compact Network Japan HP（https://www.ungcjn.org/sdgs/goals/goal04.html：20220818 最終閲覧）

コル（2021）「大企業における SDGs の認知度と取組み状況（GPIF 調査結果）」（https://korujp.com/sdgs-awareness-largecompany/：20220818 最終閲覧）

柴田仁夫（2013）「経営理念の浸透に関する先行研究の一考察」『経済科学論究』(10)：27-38

中小企業基盤整備機構（2022）「中小企業の SDGs 推進に関する実態調査」（https://www.smrj.go.jp/research_case/research/questionnaire/favgos000000k9pc-att/SDGsQuestionnairePoint_202203_1.pdf：20220818 最終閲覧）

電通（2022）「電通，第 5 回『SDGs に関する生活者調査』を実施」（https://www.dentsu.co.jp/news/release/2022/0427-010518.html：20220818 最終閲覧）

文部科学省・厚生労働省・経済産業省（2022）「インターンシップを始めとする学生のキャリア形成支援に係る取組の推進に当たっての基本的考え方」（https://www.mext.go.jp/a_menu/koutou/sangaku2/20220610-mxt_ope01_01.pdf：20220818 最終閲覧）

GRI・UNGC・WBCSD（2016）「SDGs Compass SDGs の企業行動指針 − SDGs を企業はどう活用するか」（https://sdgcompass.org/wp-content/uploads/2016/04/SDG_Compass_Japanese.pdf：20220818 最終閲覧）

SDGs 推進本部（2021）「SDGs アクションプラン 2022」（https://www.mofa.go.jp/mofaj/gaiko/oda/sdgs/pdf/SDGs_Action_Plan_2022.pdf：20220818 最終閲覧）

第 10 章

インターンシップの広がり

今までのインターンシップは，大学3年生が将来のキャリアに関連した就業体験を行うものというイメージがあった。しかし，近年は大学生が行うインターンシップだけでなく，短期大学生や高等専門学校生も積極的にインターンシップに参加している。このように，インターンシップの参加者は増加傾向にあるものの，実施期間の短期化が進んだ。大学側はインターンシップが教育目的であることを強調しているが，学生は就職や採用を意識して参加しているという現状がある。また，インターンシップの参加状況をみると，大学生を中心に参加時期が低学年にシフトしている傾向もみられる。

本章では，校種ごとにインターンシップの現状について考察する。

1. さまざまな段階での職場体験—小学生，中学生，高校生—

1-1. 職場体験の重要性

文部科学省では，小学生，中学生，高校生の職場体験について，「職場体験には，生徒が直接働く人と接することにより，また，実際的な知識や技術・技能に触れることを通して，学ぶことの意義や働くことの意義を理解し，生きることの尊さを実感させることが求められています。また，生徒が主体的に進路を選択決定する態度や意志，意欲など培うことのできる教育活動として，重要な意味を持っています。」と示している。

また，1999年12月の中央教育審議会の答申「初等中等教育と高等教育との接続の改善について」，および2004年1月「キャリア教育の推進に関する総合的調査研究協力者会議報告書」

表 1.10-1　小学校・中学校・高等学校におけるキャリア発達と職場体験などの関連

小学校	中学校	高等学校
職場見学など	職場体験など	インターンシップなど
〈キャリア発達段階〉		
進路の探索・選択にかかる基盤形成の時期	現実的探索と暫定的選択の時期	現実的探索・試行と社会的移行準備の時期
具体的な体験的活動		
街の探検 家族の仕事調べ インタビュー 商店街での職場見学・体験	身近な職業聞き取り調査 連続した5日間の職場体験 親の職場への子ども参観日 職場の特定の人と行動をともにする職場見学 上級学校の体験入学	インターンシップ（就業体験） 学校での学びと職場実習を組み合わせて行うデュアルシステム 上級学校の体験授業 企業訪問

出所：文部科学省初等中等教育局児童生徒課「中学校職場体験ガイド」を元に筆者作成

においても，小学校段階から発達課題に応じて「キャリア教育」を推進することが提言され，その一環として職場体験などの体験活動を促進することが重要であると指摘している。

表 1.10-2　職場体験実施状況（2017 年度調査時点）

公立中学校数	実施学校数	実施率
9,449 校（9,472 校）	9,319 校（9,249 校）	98.6%（98.1%）

公立高等学校数	実施学校数	実施率
4,051 校（4,069 校）	3,436 校（3,406 校）	84.8%（83.7%）

出所：国立教育政策研究所『平成 29 年度職場体験・インターンシップ実施状況等結果（概要）』を元に筆者作成

1-2．職場体験の実施状況と位置づけ

国立教育政策研究所は 2019 年に 2017 年度における国公私立中学校・高校の職場体験・インターンシップ実施状況を公表した。実施率は，公立中学校が前年度比 0.5 ポイント増の 98.6%，公立高校が前年度比 1.1 ポイント増の 84.8% だったことからも，大部分の生徒が職場体験を行っていることがわかる。公立中学校における教育課程などへの位置づけは，「総合的な学習の時間で実施」が大部分であり，また参加形態はほとんどが原則として全員参加となっている。

一方，公立高等学校における教育課程などへの位置づけは，「現場実習等教科・科目の中で実施」と「学校外における学修として実施」，「総合的な学習の時間で実施」がそれぞれ 10% 弱と多様となっている。なお，半数近くは「教育課程には位置づけずに実施」となっていることから実施している学校によってさまざまな形態で職場体験を行っていることが考えられる。

また，公立高等学校では事前指導と事後指導についても力を入れている。具体的な事前指導の内容で最も重視しているものは，職場体験の目的を設定し確認させる指導やマナー指導についての割合が高く，また事後指導の内容については，報告書やレポートの作成の割合が高くなっている。これらのことからも，職場体験をとおして，職業に対する理解をいっそう深めて，明確な進路希望としての職業の選択に役立てたり，彼らが希望する職業に就くための進路としての進学先の選択に役立てるために行っていることがわかる。

2．インターンシップ参加者の状況と参加時期

2-1．インターンシップの実施状況

文部科学省では，大学などにおけるインターンシップ実施状況について調査を行っている[1]。この調査は，大学院，大学，短期大学，高等専門学校のインターンシップの現状について調査したものである。この調査から校種ごとのインターンシップの現状をみていく[2]。

大学で 7 割，短期大学で 4 割の学校がインターンシップを行っているが，高等専門学校ではほぼすべての学校でインターンシップを実施していることがわかる。

1997 年 9 月の文部省・労働省・通商産業省（いずれも当時）のインターンシップの推進に当たっ

表 1.10-3　インターンシップ実施校割合　（%）

年度	2014	2015	2017	2019
大学院	25	29.1	27.7	26.6
大学	73.3	73.2	72.9	71.9
短期大学	39.3	39.4	45.1	41.1
高等専門学校	100	100	98.2	100

出所：文部科学省「大学等におけるインターンシップ実施状況について」を元に筆者作成

　ての基本的考え方，いわゆる「三省合意」が日本の大学におけるインターンシップ普及の契機になっている。その後，インターンシップの目的が教育目的なのか，それとも就職・採用目的なのかといった議論が続くことになるが，インターンシップ実施校は確実に増えてきている。

　大学は4年間の中でインターンシップを実施できるため，教育目的，就職・採用目的にかかわらず，7割の大学で実施している。一方，短期大学は2年間を中心とした就業期間のため，就職活動の前に行うとなると1年次に実施することになり，実施期間の設定の難しさから4割程度にとどまっていると考えられる。また，高等専門学校は，学校で学ぶ専門的な知識が仕事に直結し，高等専門学校自身もインターンシップを積極的に推進していることから100%の実施となっている。

表 1.10-4　インターンシップ実施期間　《大学》（%）

年度	2014	2015	2017	2019
1day	2	5.4	2.1	2.7
1週間以内	29.4	31.9	30.8	35
2週間以内	44.1	38.2	42.2	35
3週間以内	11.7	9	7.1	11.1
1か月以上	3.2	3.8	5.5	5

出所：文部科学省「大学等におけるインターンシップ実施状況について」を元に筆者作成

2-2．大学におけるインターンシップの状況

　2014年度は1週間以内が3割弱，2週間以内が4割強となっていたが，2019年には1週間以内と2週間以内が同じ割合となっていることから，インターンシップの短期化がうかがわれる。

　また，民間就職情報企業が実施している学生のインターンシップに関する調査での実施期間をみると，1dayインターンシップが過半数を占めているという結果が出ている（リクルートキャリア・リクルート就職みらい研究所，2021）。

　文部科学省による調査は，大学側が把握している学生のみを対象にしており，大学を経由せずに参加しているインターンシップについては把握できていない。一方で，就職情報企業による調査は，企業サイトに登録している学生が調査対象となっている。したがって，就職情報企業による調査の方が，文部科学省調査よりも参加率が高くなることが考えられる。

　これらのことからも実施期間の短期化が進む中で，特に1dayでのインターンシップが急速に増加しているということは，教育目的よりも就職・採用目的でインターンシップに参加している学生が多いことがわかる。

表 1.10-5　インターンシップ実施期間　《短期大学》(%)

年度	2014	2015	2017	2019
1day	1.3	1.8	1.3	3.1
1 週間以内	39.1	29.3	35.9	31.2
2 週間以内	40.4	37.8	41	42.1
3 週間以内	8.8	15.2	11	17.6
1 か月以上	8.8	2.2	4	2.8

出所：文部科学省「大学等におけるインターンシップ実施状況について」を元に筆者作成

2-3．短期大学におけるインターンシップの状況

　短期大学は大学と比べると 2 週間以内の割合が高く，長期化の傾向がうかがえる。短期大学は専門学校との兼ね合いもあり，資格取得に関係する専門的な職種でのインターンシップも多く，企業側も長期間のインターンシップを受け入れる傾向がある。一方で，短期大学でも資格取得に関係しないインターンシップに関しては，短期化の傾向となっている。前述の民間就職情報企業が実施している学生のインターンシップに関する調査による実施期間は，校種ごとの調査となっていないが，大学と同じように，就職・採用目的でインターンシップに参加している学生が多いことが推察できる。

表 1.10-6　インターンシップ実施期間　《高等専門学校》(%)

年度	2014	2015	2017	2019
1day	0	0.1	0.3	0
1 週間以内	35.5	51.9	57.7	56.6
2 週間以内	49.1	32.6	30.5	34.3
3 週間以内	9.6	10.8	6.2	2.1
1 か月以上	3.1	1.6	1.7	3.8

出所：文部科学省「大学等におけるインターンシップ実施状況について」を元に筆者作成

表 1.10-7　インターンシップ実施年次 (%)

年度	2014	2015	2017	2019
大学 1 年	8	10.2	9.7	10.9
大学 2 年	18.2	18.4	20.8	24.2
大学 3 年	61.2	56.4	56.5	51.4
大学 4 年	10.5	11.7	9.2	8.6
短大 1 年	68.5	73.9	77.5	73.9
短大 2 年	29.1	23.4	10.3	21.7
短大 3 年	0	0.1	3.9	3.6
高専 1 年	0	0	0.2	0.1
高専 2 年	0.3	0.6	0.7	0.3
高専 3 年	0.2	0.1	0.2	0.3
高専 4 年	85.7	87.4	86.6	86.3
高専 5 年	0.3	0.4	0.7	0.3

出所：文部科学省「大学等におけるインターンシップ実施状況について」を元に筆者作成

　インターンシップ実施年次では，大学では 3 年次を中心に，短期大学部では 1 年次，高等専

門学校では4年次に行っていることがわかる。また，大学ではインターンシップの実施時期が3年生から2年生にウエイトが移行していることからもインターンシップに早期に参加する傾向がみられる。

インターンシップの早期化については，次節で考察することとする。

3．インターンシップの早期化の傾向

3-1．インターンシップ早期化の理由

前述の大学のインターンシップ実施年次をみると，3年次から2年次にシフトしていることがわかる。早めにインターンシップに参加することで，企業での就業体験の機会が増えるだけでなく，長期インターンシップへの参加の機会など業界や職業について深く知ることができるメリットがある。

3-2．インターンシップ早期化の効果

岩井 (2019) は，大学1，2年生など，早期にインターンシップを経験することで大学に対する期待度が上昇し，またインターンシップを経験することが動機づけとなって大学の学びや職業意識が促進されると述べている。そして，早期インターンシップが，大学1，2年次に起こる学業に対するリアリティショックを軽減させる働きがあることも指摘している。これらのことからも，インターンシップの本来の意味である教育目的としてのインターンシップは早期に行う方が効果が大きいと考えられる。

インターンシップに参加することの効果として，社会を知るための学びや自身の成長を考える機会を得ることがあげられる。なんとなく大学生活を送ってしまうのではなく，インターンシップの現場で他者からの支援や他者とのコミュニケーションによって，自己を振り返り，学生生活を見直す機会を得ることができると考える。

4．これからのインターンシップ

4-1．インターンシップの参加の効果

パーソル総合研究所による「企業インターンシップの効果検証調査」では，入社3年後の離職率では，インターンシップ非参加入社者34.1％に対して，インターンシップ参加入社者16.5％となっている。このことからもインターンシップが入社後の仕事のミスマッチの解消に役立つことがわかる。また，本章の中で大学入学後に学業的リアリティショックによって学習意欲が低下した学生が，インターンシップを経験することで大学生活を客観的に見つめ直すきっかけとなり，大学での学びが喚起されることも述べた。このように，インターンシップの経験は，学校での学びや入社後の仕事に対して大きな効果をもたらすといえる。

4-2.　インターンシップの多様化

　一方で，1day インターンシップなどさまざまなインターンシップの形態が存在するようになり，インターンシップそのものが大きく変わろうとしている。そのような中，2022 年 4 月には，採用と大学教育の未来に関する産学協議会（産学協議会）において，「学生のキャリア形成支援に係る産学協働の取組み」がインターンシップを 4 つの類型に整理し，そのうち就業体験を伴うタイプ 3 とタイプ 4 がインターンシップであると定義づけられた。また，一定の要件を満たしたインターンシップについては，取得した学生情報を広報活動・採用選考活動に活用することが可能となったこともインターンシップの定義づけにとって大きな転換点であるといえる。

　日本における大学生のインターンシップは教育目的なのか，または就職・採用目的なのかということについては，常に議論となっていた。1 章でも述べたように，インターンシップの形態が広がったことで，オープンカンパニー（タイプ 1）やキャリア教育（タイプ 2）は就職・採用目的にウエイトを置いたものに，汎用型能力・専門活用型インターンシップ（タイプ 3）や高度専門型インターンシップ（タイプ 4）は教育目的にウエイトを置いたものとすみわけができるようになった。今後は，学生がさまざまなタイプのインターンシップを経験することで，学校での学びや卒業後の仕事に活かすことを期待したい。

（上岡史郎）

注) ――――――――――――――

1)　文部科学省では，大学などにおけるインターンシップの実施に関する各種データを収集し，インターンシップのよりいっそうの推進・普及に関する施策の企画，立案などを行うための基礎資料を得ることを目的として，インターンシップの実施状況調査を行っている。
2)　ここでの数値は特定の資格取得に関係しないインターンシップを実施したものの割合となっている。

引用・参考文献

岩井貴美（2019）「インターンシップの影響に関する一考察」近畿大学商経学会編『商経学叢』
亀野淳（2021）「日本における大学生のインターンシップの歴史的背景や近年の変化とその課題—「教育目的」と「就職・採用目的」の視点で」労働政策研究・研修機構『日本労働研究雑誌』
上岡史郎（2022）「インターンシップの多様化に関する一考察」『目白大学短期大学紀要』
文部科学省「大学等におけるインターンシップ実施状況について」(https://www.mext.go.jp/b_menu/internship/1387151.htm：2022.09.08 最終閲覧)
文部科学省・厚生労働省・経済産業省「インターンシップの推進に当たっての基本的考え方」(https://www.mext.go.jp/content/20210125-mxt_senmon02-000012347_11.pdf：2022.09.22 最終閲覧)
国立教育政策研究所「国公私立中学校・高校　職場体験・インターンシップ実施状況等調査結果」(https://www.mext.go.jp/a_menu/shotou/career/detail/1340402.htm：2022.09.26 最終閲覧)
採用と大学教育の未来に関する産学協議会『『産学協働による自律的なキャリア形成の推進』2021 年度報告』(https://www.janu.jp/news/10197/：20220930 最終閲覧)
リクルートキャリア・リクルート就職みらい研究所「就職活動・採用活動に関する振り返り調査データ集」(https://shushokumirai.recruit.co.jp/wpcontent/uploads/2021/03/hakusho2021_data.pdf：20211001 最終閲覧)
パーソル総合研究所「企業インターンシップの効果検証調査」(https://rc.persol-group.co.jp/thinktank/data/internship.html：20211001 最終閲覧)

第２部　実践編

Lesson 1　インターンシップに参加するにあたって（心構え）

1. インターンシップの新たな展開

　経団連[1]と大学側とでつくる産学協議会は，2022年，インターンシップの新たな活用に合意しました。それは，インターンシップでの評価にまつわる学生の情報を採用選考で活用できるというものです。そのうえで注意すべき点は，インターンシップは就業体験の場であり，採用活動の場ではないということです。とはいえ，短・中・長期にわたってインターンシップ生を受け入れ，働きぶりや人柄に接する中，企業が「この学生なら」と将来の採用を思い描くであろうことは容易に想像できることです。学生自身，最初から採用を期待しないでインターンシップに臨んでいると言い切れるでしょうか。

　インターンシップ受入企業は，インターンシップの実施にあたりさまざまな観点[2]から取り組んでいるほか，高等教育機関ではどのような学生を育成しているのかを見る機会ととらえているともいえるでしょう。企業は，その規模や必要などに応じて期間や内容を設定し，インターンシップを実施しています。説明会を含めて10日以上の日々を学生と企業人が一緒に過ごすという機会はほかになく，この間，企業は学生へ企業理念や経営の取り組みを伝え，学生の指向性を知ることができ，また学生は自身や企業にとっての課題を知るなど，両者にとってインターンシップは理想的な機会といえるでしょう。

2. インターンシップ先のとらえ方

　我が国の企業のうち，99.7% が中小企業です。規模などに関係なく，よい人材を得ようとして採用前線は熾烈な奪い合いの場になっているといっても過言ではないでしょう。中小企業は知名度や給与，福利厚生などで大企業に引けをとるとみなされることが多いのですが，本当にそうでしょうか。中小企業の働きなくして我が国の発展はありえません。それだけに，中小企業の存続が気にかかります。中小企業は大企業に負けず劣らずインターンシップを通じて自社に合った人材を確保し，自前で教育したいとの思いをもっています。

　学生は，実利的見地のほか人生の幸福度設計の観点から企業の選択を考えてみてはいかがでしょう。社会には，文化芸術，芸能やスポーツの分野で活躍する人とそれを支える組織，職人が活躍するニッチ（niche。市場の間隙。すきま。『広辞苑　第六版』）な職能集団，起業して間もないながらその活動や成長が有望視される諸団体があります。普段，入ったりのぞいたりすることができない組織や団体にインターンシップ生として受け入れてもらうことが可能である場合が多いのです。であれば，インターンシップへの参加は学生時代ならではの挑戦ではないでしょうか。

　テレビ東京の番組「You は何しに日本へ？」（毎週月曜夜 6 時 25 分開始。"Why did you come to Japan?"　MC：バナナマン。20220630 現在）をご存知ですか。番組が招待した外国人が日本の文化や技能を体験するというものですが，視聴すると，期せずして "インターンシップの場" になっていると思うことがあります。読者のみなさんは，所属の教育機関がお膳立てしてくれる企業だけでなく，自ら広くアンテナを張り，幅広い観点でインターンシップに挑戦してみてはいかがでしょう。対象は，日本国内に限定しないことはいうまでもありません。

3.　インターンシップに取り組むさいの心構え

　社会で経済など諸活動の運営が困難に陥るとすれば，それはどのような場合でしょうか。自然災害や疫病，政変や戦争などによる世界情勢の変化といったことがらがすぐに脳裏に浮かぶでしょう。そうした影響は，通常の業務（生産や販売，物流，情報活動など）の中止や廃止となって現れ，社会的活動からの撤退を余儀なくされることになります。企業など団体にとっての死活問題は，そこで働く人にとっても死活問題です。それだけでなく取引先や関連企業にまで影響を及ぼし，引いては社会全体に波及します。

　グローバル社会の今日だからこそ求められる当事者意識を発揮し，問題をとらえ，取り組む態度が不可欠です。事前に国内外のインターンシップを検討するにあたり，地域柄から国情，また企業文化や歴史，人的活用のあり方の研究が課題となります。成人年齢は 18 歳（民法改正により，2022 年 4 月 1 日から 18 歳と 19 歳は新成人となる）となり，いうまでもなく大人としての振る舞いが求められます。高校生と大学生では大きく違います。インターンシップ先で倫理・規則違反や社会人としてのマナーを逸脱するようなことがあった場合，大学などの教育機関を隠れ蓑にすることはできるでしょうか。

　「学生」の肩書は所属する教育機関が保証するものであり，「学生証」はそうした身分の証明です。学生と社会人とでは，肩書一つで社会の見る目は大きく異なります。インターンシップに参加するにあたり，このことは肝に銘じておきましょう。学生時代の評価に，たとえば試験やレポートがあります。通常，60% 以上の評価を取得すれば単位が認定され，必要卒業単位数を満たせば学位記を授与されます。

　しかし，社会では 60% をクリアしただけで評価されるでしょうか。教室に来て机に突っ伏して寝ている学生でも卒業単位を取得しさえすれば卒業することができます。教育機関と企業とでは評価の基準がまったく異なるのです。世界は概して学生に親切です。若者は国の将来を担う人材ですから，当然といえます。学生への期待値は高いものがあります。それだけに，学生は知的教育受益者として誠心誠意努めましょう。

　インターンシップを活用するにあたり，相手企業のこと以外，自分や家族の思いについても考えを巡らす必要があります。就職に少なからず影響するであろうインターンシップ先を選択する

際，参考となる助言は聞いても最終決定者は自分自身です。今の自分はどんな人間なのか，他者に紹介するにあたり，まずは自分のこれまでの人物像を振り返ってみましょう。 （古閑博美）

注）————————————————————————

1) 経団連（一般社団法人日本経済団体連合会）は，日本の代表的な企業 1,494 社，製造業やサービス業などの主要な業種別全国団体 108 団体，地方別経済団体 47 団体などから構成されている（2022 年 4 月 1 日現在）。(https://www.keidanren.or.jp/profile/pro001.html：20220629 最終閲覧)

2) ①自社のアピール，②社会貢献，③仕事の紹介，④諸活動を通じた刺激提供，⑤自社の従業員教育，⑥人材獲得，など。

Lesson 2 キャリアを考える

　働く視点からキャリアをとらえた場合，「外的キャリア」と「内的キャリア」の2つがあります。「外的キャリア」とは，自分が就きたい（または就いている）具体的な職業や役職などの部分です。一方，「内的キャリア」とは，個人の内側にある仕事や働くことの意味や意義をどこに感じるのか，どんなことにやりがいや働きがいを感じるのか，本人に聞いてみないとわからない部分になります。組織心理学者のシャインは，「内的キャリア」の中でも最も大切にしたい一貫したものを船の錨（アンカー）にたとえ，「キャリア・アンカー（career anchor）」（金井訳2003）と呼びました。キャリア・アンカーは，職業選択の判断基準（ものさし）となるものであり，明確になると安定したキャリア形成につながります。したがって，「外的キャリア」だけではなく，「内的キャリア」について考えることで，自分らしいキャリアをデザインすることができます。

　自分自身のキャリアについて考える上で，3つの問いかけ（小松ほか，2022）を通して考えてみてください（図2.2-1）。まず「どのように生きていくのか」です。この中に「どのように働いていくのか」と「どのように学んでいくのか」が含まれています。また「どのように働いていくのか」という表現には，これまでどのように働いてきたのか，現在どのように働いているのか，これからどのように働いていくのか，という過去・現在・未来の要素が含まれます。大学生は「どのように学ぶのか」の部分の比重が大きいと思いますが，将来をイメージし，現状を振り返った上で，今後どのように大学生活を過ごすかを考えることが重要になります。

　これら3つの問いを考え，自分自身の内的キャリアに触れる中でキャリア・アンカーを明確にしていくためには，在学中に働く経験を積むインターンシップが役立ちます。

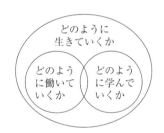

図2.2-1　キャリアを考える上での3つの問い
　　　　　かけ
出所：小倉・松坂・山本（2022）を元に筆者らが作成

（松坂暢浩・山本美奈子）

引用・参考文献

Schein, E. H.（1990）*Career Anchors: Discovering Your Real Values*, Jossey-Bass Pfeiffer.（金井壽宏訳（2003）『キャリア・アンカー——自分の本当の価値を発見しよう』白桃書房）

小倉泰憲・松坂暢浩・山本美奈子（2022）『キャリア理論と自己理解　とことん自分と向き合うキャリアデザイン』山形大学生協電子書籍

Lesson 3　インターンシップ先の選び方

　インターンシップには大きく，「キャリアを考えるインターンシップ」，いわゆる教育目的のインターンシップと，「就職につなげるインターンシップ」，いわゆる採用目的のインターンシップがあります。「キャリアを考えるインターンシップ」は，① 仕事体験を通じた学業理解や自己能力開発としての側面，② 仕事理解と自己理解を通じた就業観・職業観醸成（働くとは，仕事とはどのようなことかを実感する）としての側面，「就職につなげるインターンシップ」は，③ 企業理解とともに企業アプローチ的な側面があります。

　インターンシップの活用方法によってインターンシップ先の探し方が異なります。インターンシップ先を探す方法は主に以下のようなものがあります。

　　　a. 大学などのインターンシップ受入機関リストから探す

　　　b. 就職情報サイトなど，インターンシップを紹介専門のウェブサイトやイベントから探す

　　　c. 興味ある企業や自治体のホームページから探す

　　　d. 自分の所属するゼミ，研究室の担当教員に紹介してもらう

「キャリアを考えるインターンシップ」の場合は，単位認定型などの大学経由型インターンシップとして，上記aやdを上手に活用するとよいでしょう。「就職につなげるインターンシップ」の場合は，公募型インターンシップとして上記bやcでインターンシップ先を探すことになります。上で示した「インターンシップを探す方法」を用いて活用目的に沿ったインターンシップ先を探します。

「① 仕事体験を通じた学業理解や自己能力開発」を目的とする場合

　自己能力に関する自己分析を行い，能力開発が可能と思われる仕事体験ができるインターンシップを探します。将来就きたい業種があればその業種に絞ってもよいですが，就職したい企業にこだわりすぎず，インターンシップの実施内容からインターンシップ先を選ぶことが大切です。

「② 仕事理解と自己理解を通じた就業観・職業観醸成」を目的とする場合

　職種研究と自己分析を行ったうえで，自分にあった仕事内容を設定（仕事仮説「この仕事はこういうものであり，自分のこういう点が向いているだろう」ということを設定）し，その仕事体験ができるインターンシップを探します。

「③ 企業理解とともに企業アプローチ」を目的とする場合

　就職先として受けたい，または興味ある企業のインターンシップに参加することになります。

　ここまで述べたとおり，インターンシップの参加目的を明確にし，インターンシップ先を探す必要がありますが，いずれの方法にしても，自律的に行動していかないと何も始まりません。

（二上武生）

Lesson 4　自己分析

　突然ですが，皆さんはどうして今の大学に，また今の学部を選んだのでしょうか。

　皆さんの中には，自分のやりたいことが高校生のときから明確で，実現のための手段として，今の進路を選択した人もいると思います。その一方で，「親に勧められたから」「先生に勧められたから」「本当は大学ではなく，自分がやりたいことに近づける専門学校に行きたかったけど，みんなが行くから大学に行くことにした」といった声が多いことも事実です。誰の声を参考にしてきたかにかかわらず，今のあなたの人生は，あなたのこれまでの選択によって創られています。そしてその一つひとつの選択の責任を引き受けるのは自分です。世間の声，誰かの意見，なんとなく…ではなく，自分の声に耳を傾け，物事は自分の意思で意識的に選択してほしいと思います。

　自分らしいキャリアを描くためには，以下の3つの切り口で自己理解を深め，自分の軸を整理することが大切です。

1. できること

　自分の得意なもの，頑張らなくても人よりもできることは何か。能力や才能。

　まだ働いた経験がない場合，答えるのが難しいと思います。仕事に活かせるかどうかなどと難しく考えず，「これは周りよりも得意かも」といった強みのヒントを見つけましょう。

2. やりたいこと

　何が好きで，どんなことに興味が湧くか，どんな欲求があるか。欲求・好きなこと。

3. 大切なこと

　取り組んでいる際にやりがいに意味・意義を感じられるか。信条・こだわり。

　3つの切り口を書き出すことで，これまでの学生生活の中で楽しめたことや活躍できた理由，そして共通点に気づくことができます。その共通点が自分の軸となります。今後，社会で自分らしく活躍するためにこれまで自分らしく活躍できていた場面での共通点はとても重要な軸となります。

（眞野目悠太）

Lesson 5　業界・職種・企業研究

　ある調査（パーソル総合研究所×CAMP（2019）「就職活動と入社後の実態に関する定量調査」）では，新卒社員として入社後，報酬・昇進・仕事のやりがい・働きやすさなど，事前のイメージとのなんらかの違い（リアリティ・ショック）を感じている新社会人が7割以上に及び，その要因として，会社の理解・自分の適性の理解度が影響しているというデータがあります。

　自分らしくイキイキと働ける理想の会社・仕事を見つけるためには，自分自身についての理解だけではなく，世の中の業種・企業・職種について幅広く情報を収集し，整理し，選択へと意思決定することが重要です。最初から知っている業種・企業・職種だけに絞らずに，幅広い視野をもって，情報収集をしていきましょう。

　つぎに，業界，職種，企業研究について4点あげます。第1は業種・企業について知識を深めましょう。自分がどれだけ業種や企業を知っているのかなど現時点での知識量を知るためにも具体的に日本にはどんな業種があり企業があるのかをリストアップしましょう。具体的かつ定量的に情報を整理できます。

　第2に，その中から自己分析を参考にして興味のある業種や企業を見つけます。そうすることで知っている会社ではなく，全体を網羅してから自身の興味のある業種に絞ることができるため，過不足無く業種・企業の情報が整理されます。どんな業種があるのかわからないという人は，就職活動生向けのナビサイトや書籍（会社四季報の業界地図など）を活用し，調べてみましょう。

　第3は，興味のある業種・企業の市場規模を調べることです。特に今後成長する市場なのか，に着目して調べることが重要です。成長する市場に属する業種や企業は，自身の成長機会が豊富といえます。そこには資金や人が集まり，さまざまなチャレンジをすることができます。また，成長する市場で経験やスキルを蓄積することで自身の成長が見込めるのです。成長する市場にさまざまな企業が参入し，多様なチャレンジをしているので，成長しない市場に比べ，自身の経験やスキルを求められる機会は豊富です。市場の調べ方がわからないという人は，書籍や市場規模マップを活用し，調べてみましょう。

　第4は，興味があり成長する業種・企業を整理したら，実際に働いている職業人に会い，どのような仕事をしているのかをヒアリングすることです。どのような仕事をしているのか，どうすれば活躍することができるのかをOB訪問や説明会で知ることにより，自分が仕事をする姿のイメージが沸いてきます。そして，インターンシップを活用し，実際に仕事を体験することによりさらに仕事への理解度が上がります。イメージがわけばわくほど，志望動機が具体的になり，就職後に「イメージと違った」「こんなはずじゃなかった」と違いを感じることを軽減できます。

（眞野目悠太）

Lesson 6　企業へのエントリー（履歴書・エントリーシート）

　インターンシップに参加する際には，受入先から応募書類として履歴書やエントリーシートの提出を求められます。これらは，書類選考や面接選考として活用される場合もあります。そのため，提出書類は自分用の控えとして必ずコピーをとるかパソコン内に整理して保存するようにしてください。

　記入する内容は，主に氏名や住所・連絡先（メールアドレスを含む），学歴，趣味・特技，自己PR，インターンシップの志望動機などです。

　作成の際は，学生として最低限の文章作成マナーを意識してください。手書きで作成する場合の作成時間は，平均4.0時間といわれています（リクルート就職みらい研究所（2019）『就職白書2018』）。そのため，余裕を持って作成するようにしましょう。主に手書きで作成する上でのポイントを4つ紹介します。

　1. 記入する際は，黒または濃紺のペンで記入する。

　2. 書き間違いやシミ・汚れがついてしまった場合は，修正液などは使わずに書き直す。

　3. 記入漏れや誤字・脱字がないかを確認し，数字は算用数字などに統一して使用する。

　4. 文字は，読みやすい文字の大きさで丁寧に記入する。

　特に3は，一旦時間を置いてから読み直すとよいでしょう。または，他の人に見てもらうと間違いに気づきやすくなります。

　履歴書やエントリーシートは，読み手を意識し，読みやすい文章構成で作成することが重要です。文章構成（論理構成）のポイントを5つ紹介します。

1. 「結論」「理由」「具体例」の3つの構成で作成し，声に出して読み，他の人が読んで理解できる内容かを点検する。

2. 伝えたい要素は，できるだけ絞り，端的に表現し，複数の事柄を盛り込まない。たとえば，自己PRで伝えたい長所や強みが複数あるとしても1つに絞って伝えると印象に残りやすくなる。また，「コミュニケーション能力」は，抽象的な表現になるため，「聴くことが得意」など，具体的に記入する。

3. 記載する内容は，誰にでも書ける一般論ではなく，自身の体験をベースに作成する。経験の大小にとらわれず，読んだ人がその情景が映像で浮かんでくるような内容を意識する。

4. インパクトのある内容だけにこだわらず一文を短くし，読みやすいコンパクトな文章を意識する。

5. 話し言葉で文章を書いていないかチェックする。たとえば「ら抜き言葉（たとえば，×決めれる→○決められる　など）」や「若者ことば（やばい，めちゃくちゃ　など）」にも注意する。

また,「なので」「ですので」「でも」「だけど」「それに」「意外に」「それほど」など,口語文による接続詞を多用しないように注意する。

以下,作成にあたり自己PRと志望動機の記入例を紹介します。

【自己PR】

私は,粘り強く努力することができます。あきらめずに最後まで取り組むことは,自分を成長させることにつながると考えているからです。

私は,塾講師のアルバイトをしています。アルバイトを始めた頃は,教え方がわからず,生徒に理解してもらうのに時間がかかっていました。また,集中力が続かない生徒がいるなど,正直,授業を投げ出してしまいたい時もありました。しかし,この状況を乗り越えることができれば自分が成長できるチャンスになると考え,改善に向けて先輩の授業方法を真似し,生徒の特長をとらえ,関わり方や教え方を工夫するようにしました。

生徒の学習意欲が向上し,評価アンケートでは,授業がわかりやすいという評価が8割を超える結果を得ることができました。

【志望理由】

私は,自分が将来どのような社会人になりたいのかを考えるために,インターンシップへの参加を希望しました。

大学卒業後は,専門を生かして○○の仕事に就くことを希望していますが,漠然としたイメージしかないため,将来どのように働きたいのかという具体的な考えをもちたいと考えていました。そこで,○○が体験できる貴社のプログラムを知り,インターーシップへの参加を通して,働くイメージを明確にしたいと考えました。

インターンシップでは,社員の皆様と話す機会を多く持ち,最低でも5人以上の方からお話を聞きたいと考えています。特に働く上でどのような点を大切にしているのか,また仕事の大変さについてお聞きしたいです。

私は,人の評価が気になり,思ったことを発言できないことがあります。インターンシップでは,失敗を恐れずに積極的に関わることで多くのことを吸収したいと考えています。

(松坂暢浩・山本美奈子)

Lesson 7　魅力行動

　「魅力行動」研究は，人間行動学のほか動物行動学などを参考にしています。人間学の範疇である作法や制度，ホスピタリティ，心理学などの分野に目配りし，動物の行動形態にも注目して人の魅力行動を考察するものです。筆者は，大学の教員時代「魅力行動学[1]ゼミナール」を開講し，行動するゼミとして学生とともに多くの体験[2]に挑戦しました。魅力行動は「行動の質・量・形・意味に魅力を付与した行動[3]」とし，行動のあらゆる局面で自分や社会と対峙することになります。

　いのちを得て社会でそのいのちを働かせる＝生きる，とはどういうことでしょうか。私たちは生まれたときから人と人とのあいだで暮らしているわけですが，それらは，いわば"変化し続ける行雲流水のごとし"，の環境です。

　大航海時代は移動の科学技術が飛躍的に進歩し，行動範囲は一気に拡大しました。今や移動せずとも世界中の情報がリアルタイムで入手でき，人心までも掌握するパワーゲームに翻弄される時代へと推移しています。良きにつけ悪しきにつけ行動のスケールは膨張拡大し，目が離せません。21世紀は自然や人工的なものとの付き合い方を新しい視点で学ぶ必要があります。

　グローバル社会はすなわち「魅力行動社会でなければ」というのが筆者の考えです。私たちは限定的な活動の世紀からは想像もつかないほどの情報・物流の氾濫する社会に生きています。他者への思いやりは深くなったといえるでしょうか。紛争や疫病などのパンデミックの前に「科学とは」「人間に何ができるのか」等々について考えた人は少なくないはずです。何があっても理想を掲げて行動し，諦めずに模索し続ける態度は魅力行動そのものです。

　多くの企業や個人が，研究開発・商品企画などに知恵を絞り血の滲むような努力を重ね，社会と人類の進歩に貢献しようとしています。教育受益者である学生に期待される学びとは何でしょうか。のんべんだらりとした日々を送るようでは，人としての魅力もなく世界に取り残されてしまいます。

　魅力行動は「身の回り30cm圏内からの行動実践」です。最初の一歩を踏み出す勇気が魅力行動の輪を広げます。魅力行動は一代限りではありません。それを見て聞いて，あるいはそうした人びとの物語を読み継ぐことで，人類の普遍的な魅力行動として継続することができるのではないでしょうか。私は，教室で「正心静座[4]」「四立（立腰立額立身立志）[5]」を提唱し，我が国の魅力行動として「日本は平和の祖となれ」を訴えました。

　人類は好奇心旺盛で，人類の進歩に資する偉大な発明発見を成し遂げてきた半面，負の遺産も数多くあります。人類の魅力行動として定着させるべきものは何でしょう。持続可能な社会を目指し，今こそ，魅力行動に覚醒することが求められているのです。　　　　（古閑博美）

注) ————————————————————————

1)　古閑博美 (1996)『魅力行動学入門』学文社，14頁。魅力行動学は「さまざまな出会いを通して魅力的な自己形成と人間関係を求める行動の学」と定義した。

2)　ゼミ茶事＠茶道会館。文化講座主催・香道 (松栄堂)，掛け軸 (表具華麗堂)，陶芸，華道。坐禅＠円覚寺居士林。禊 (滝修行)＠三峯神社。投扇興＠江戸東京たてもの園高橋是清邸。三大芸能 (歌舞伎，文楽，能狂言) 鑑賞＠国立劇場・国立能楽堂。企業見学，ゼミ合宿　など。

3)　古閑博美 (2001)「儀礼文化への一考察─魅力行動の観点から─」儀礼文化学会『儀礼文化』29：119

4)　笑顔で上下の唇を触れ合わせ，軽く口角を上げ，舌は上あごにつける。発声発話ができない形。「正心静座」は古閑博美の造語。

5)　よい姿勢は心の姿勢に通じるという考えのもと，また誰にも盗まれない身体財の一つがこうした姿勢と態度の形成にあるとの考えによるもの。魅力行動の実践者としてのあなたの魅力を，身体面から増幅させる姿勢を身につけよう。「四立」の読みは，「しりつ」(りつようりつがくりっしんりっし)。「立額 (りつがく)」は，古閑博美の造語。

Lesson 8　挨拶・お辞儀

1．挨　拶

　私たちのコミュニケーションは，挨拶に始まり，挨拶に終わります。

　挨拶は良好な人間関係を築く基礎となり，潤滑油のような役割を果たします。インターンシップ先で会う人びとに積極的に自分から挨拶しましょう。

　「あいさつ」の頭文字をとって，「あ：明るく」「い：いつも」自分から「さ：先に」挨拶をすることを，「つ：続けて」いきましょう。

　挨拶をする時，声を出しながらお辞儀をするのではなく，言葉が先，お辞儀（礼）が後，つまり「語先後礼」の挨拶を心がけましょう。ただし，相手が急いでいる時など，言葉とお辞儀を分けて丁寧に挨拶するよりも，言葉とお辞儀を一緒にした挨拶で，すみやかに応対する方が適している場面もあります。そこは状況を踏まえて臨機応変にしましょう。

2．お辞儀

　挨拶は言葉に美しい「お辞儀」が伴うことで，相手を敬う心が伝わる「挨拶」が完成します。

　お辞儀には，「会釈」「敬礼（普通礼）」「最敬礼」があります（表2.8-1）。

【お辞儀のポイント】

・背筋を伸ばして，頭，首，背中を一直線に腰から上体を倒しましょう。頭から下げようとすると，首や背中が曲がってしまうので注意しましょう。

・上体はサッと倒して，いったん止め，上体を倒す時よりもゆっくりと戻しましょう。

・両手は指先をそろえて，おへその下あたりできちんと重ねましょう。

・お辞儀の前後に必ず相手と目を合わせ，アイコンタクトをとりましょう。

　前傾姿勢を意識しましょう。会釈と同じくらいの角度（15度程度）で上体を前に傾け，距離をとって話すことで，相手への敬意と謙虚な気持ちを表すことができます。この姿勢を「前傾姿勢」といいます。棒立ちで相手を見下ろし，横柄な印象を与えてしまうこともなくなります。会釈と同様に背筋を伸ばし，アイコンタクトをとりながら話しましょう。

　状況（TPO）に応じて挨拶を使い分けましょう。

　挨拶と合わせて，「はい」と打てば響くような気持ちのよい返事を意識しましょう。ビジネスシーンでの円滑なコミュニケーションにつながります。

表 2.8-1　お辞儀の種類

会釈	敬礼（普通礼）	最敬礼
角度 15 度程度，上体を少し前に傾けたお辞儀。 視線は足元から約 3m 先を見るとよい。 相手と目が合ったり，すれ違ったりする時，入室・退室時にするお辞儀。	角度 30 度程度，上体を前に傾けたお辞儀。 視線は足元から約 1.5m 先を見るとよい。 ビジネスシーンで最もよく用いられるお辞儀。	角度 45 度程度，最も深く上体を前に傾けたお辞儀。 視線は足元から約 1m 先を見るとよい。 感謝やお詫びなど，気持ちを深く込める時にするお辞儀。
「失礼いたします」	「よろしくお願いいたします」 「おはようございます」 「お待たせいたしました」 「少々お待ちくださいませ」	「ありがとうございます」 「（大変）申し訳ございません」

（上岡史郎・井﨑美鶴子）

Lesson 9　身だしなみチェックポイント

インターンシップ生の第一印象のポイントは，次の４点です。

① 清潔感　② フレッシュ感　③ 健康的　④ 機能的

下記の項目を確認しましょう。

男　性	女　性	
髪　型		
清潔な髪，ナチュラルな髪色	清潔な髪，ナチュラルな髪色	
耳や襟元にかからない	長い場合は結ぶ	
清潔感のある髪型	清潔感のある髪型	
爪		
爪の先が伸びすぎていない	爪の先が伸びすぎていない	
汚れがない	汚れがない	
服　装		
ベーシックなビジネススーツ	ベーシックなビジネススーツ	
黒，グレー，濃紺などの色	黒，グレー，濃紺などの色	
サイズ感 （肩幅，袖丈，ズボンの裾丈）	サイズ感 （肩幅，袖丈，ズボンの裾丈）	
汚れ，しわ，ほつれ，しつけ糸がない	汚れ，しわ，ほつれ，しつけ糸がない	
派手すぎないワイシャツ （白色レギュラーカラー）	派手すぎないブラウス （襟ぐりの開きすぎに注意）	
ズボンの折り目がついている	パンツの場合，折り目がしっかり付いている	
派手すぎないネクタイ （赤系か紺系）	目元を強調し過ぎるメイクにしない	
ネクタイの結び方，締め方 （首元の緩み，曲がり，緩み，長さ）	かわいらしさを意識したメイクをしない	
靴，小物類		
磨いてある靴（黒）	磨いてある黒のパンプス	
清潔な靴下（濃系の色）	ナチュラルなストッキング	
腕時計はビジネス系	腕時計はビジネス系	

　企業によってスーツではなく，オフィスカジュアルが指定されている場合があります。指示に従い考えて服装を選びましょう。

出所：「CAREER BOOK 2023」目白大学・目白大学短期大学部キャリアセンター

（上岡史郎・井﨑美鶴子）

Lesson 10 　事前訪問

　インターンシップ先に事前訪問をすることで，その職場で働くための心構えや注意事項を確認し，不安や疑問点を解決することができます。事前訪問に向けた準備を整えましょう。

　インターンシップの前に選考がある場合，面接では，インターンシップに対する積極的な熱意を伝えましょう。なぜ，ここでのインターンシップを希望したのか，どのような目的で，どのような体験をしたいと考えているかをまとめ，自分の前向きな姿勢や意欲を伝えましょう。

事前の情報収集

☑ インターンシップ先の企業情報を調べ，住所・地図，受け入れ担当者の氏名・部署名・電話番号・メールアドレスなどを確認しておく。

事前訪問のアポイントメントをとる

☑ 訪問できる候補日時を 3，4 つ選び，事前に電話でアポイントメントをとる[1]。

☑ 事前の電話はかける時刻に配慮し，静かな所で電話をかける[2]。

（始業前後・昼休憩・終業前後の時間帯は避ける）

☑ 訪問日時は，相手の都合を優先して決める。

☑ 事前訪問に必要な持ち物や，訪問先を確認する。

事前訪問の準備をする

☑ 訪問先への交通手段や所要時間を調べておく。

☑ 訪問時の服装，メモや筆記用具などの持ち物を準備する。

（pp.95-96「身だしなみチェックポイント」参照）

事前訪問をする

☑ 訪問時の 10 分前には受付に到着する。

☑ 訪問先の入り口前で，コート類を脱ぎ（寒い時期），携帯電話の消音を確認する。身だしなみを整えて，受付に向かう。

☑ 受付で「○○大学の□□と申します。インターンシップの事前訪問で伺いました。△△部の●●様をお願いできますでしょうか」と取り次ぎを依頼する。

☑ 案内に従い，部屋に入る時は「失礼いたします」と一礼して入室する。

☑「座ってお待ちください」といわれたら，出入口に一番近い下座の席に座る。

☑ カバンやコート類はテーブルの上には決して置かず，自分の身近に置く。

☑ 相手が入室したらさっと立ち上がり，「○○大学の□□と申します。よろしくお願いいたします」と挨拶する。

☑ 名刺を出されたら「頂戴いたします」と両手で，胸の高さで丁寧に受けとる。

☑ 面談中は話をよく聞き，インターンシップ中の心構えや目的，注意すべき点，身だしなみや服装，持ち物，昼食，従業員入口や着替えの場所などの必要事項を確認する。重要なことはメモをとり，復唱確認する。

☑ 相手の貴重な時間をいただいたことを考え，お礼の挨拶をし，退室する。

☑ 訪問後は，お礼のメールや電話をするとよい。

　下記のような電話応対を行い，事前訪問のアポイントメントをとりましょう。

　確認事項を事前にまとめ，簡潔に質問できるようにし，電話中はメモをとりながら，復唱確認することを心がけましょう。

電話をかける

↓

相手が出る

↓

名乗り，取り次ぎを依頼 「○○大学の□□と申しますが，インターンシップご担当の●●様をお願いいたします」 「○○大学の□□と申しますが，インターンシップご担当の●●様はいらっしゃいますでしょうか」

↓

担当者が出る

↓

再び名乗り，挨拶する 「このたびインターンシップでお世話になります，○○大学の□□と申します。どうぞよろしくお願いいたします」 相手の都合を尋ねる 「ただ今，お時間よろしいでしょうか」

↓

用件をいう 「インターンシップの前に御社に一度ご挨拶に伺いたく，ご都合のよい日時をお教えいただけますでしょうか／○日か○日はいかがでしょうか」

↓

担当者から指定された日時を復唱確認する 「○月○日○曜日の○時ですね。ではその日時に伺います」 （複数で行く場合：「ではその日時に，□名で伺います」

↓

挨拶をする 「お忙しいところ，ありがとうございました。では，〜に伺いますので，よろしくお願いいたします。失礼いたします」

（上岡史郎・井﨑美鶴子）

注）

1) 　事前訪問の日時は，インターンシップ先から指定される場合と，こちらから受け入れ担当者に連絡をとって決める場合とがあり，後者は，日時の調整を教職員がする場合と自分でする場合とがあります。自分で日時の調整からすることも大変貴重な経験であり，この場合は臆せず事前訪問のアポイントメントをとる連絡をしましょう。事前訪問は不要という場合も，電話やメールでご挨拶し，必要事項を確認するとよいでしょう。インターンシップ先の場所を事前に下見するなどして，インターンシップ初日にそなえましょう。

2) 　複数名で事前訪問に行く場合は，リーダーを決め，リーダーが受け入れ担当者に連絡をとり，事前訪問の日時を決めましょう。決まった日時を一緒に行くメンバー，担当教職員に報告しましょう。事前訪問日に誰かが遅れる場合は，待たずに，アポイントメントをとっている時刻に間に合うように訪問することが原則です。

Lesson 11 話し方・言葉遣い

　私たちは，言葉を伴って多くのコミュニケーションをしています。言葉は情報とともに，声のトーン，語調などによって感情も伝えることができます。言葉を単に道具として使うのではなく，言葉遣いに配慮することによって，私たちの心遣いを相手に伝えることができます。

　話す時は，相手にわかりやすいように結論から簡潔に話しましょう。話し上手は聞き上手といわれるように，相手の話をよく聞いているからこそ，的を得た話をすることができます。

1. 敬　語

　正しく美しい言葉遣いは，相手を尊重する気持ちを表す「敬語」を用いて表現されます。適切な敬語を聞いて話せるように，特に尊敬語と謙譲語の使い分けをしっかり理解しておきましょう。

　尊敬語…相手を敬う表現。相手を自分より高く表現することで敬意を表す。

　謙譲語…自分がへりくだる表現。自分を相手より低く表現することで敬意を表す。

	尊敬語（主語は相手側）	謙譲語（主語は自分側）
見る	見られる　ご覧になる	拝見する
来る	来られる　いらっしゃる　お見えになる　お越しになる	伺う　参る
いう	いわれる　おっしゃる	申す　申し上げる
行く	行かれる　いらっしゃる	参る　伺う
聞く	お耳に入る　お聞きになる	伺う　拝聴する
食べる	召し上がる	いただく　頂戴する
会う	お会いになる，会われる	お目にかかる
いる	いらっしゃる	おる
する	なさる　される	いたす
知る	ご存知	存じ上げる　存じる

2. 間違いやすい敬語表現

（1）尊敬語と謙譲語の誤用

　【誤】〜様が申した（「申す」：自分側に用いる謙譲語）→【正】〜様がおっしゃった

（2）二重敬語

　【誤】お聞きになられましたか→【正】お聞きになりましたか

　「お聞きになる」＋「られる」尊敬語を重ねて用いている二重敬語も間違った表現（上位の人に使うことがあります）。

（3）社外のお客様に対して，社内の上司に尊敬語を使う誤用

　【誤】○○部長が出席されます→【正】部長の○○が出席いたします

（4）ら抜き言葉，さ入れ言葉の誤用

「来れる」（→○「来られる」），「食べれる」（→○「食べられる」）などの「ら抜き言葉」，「やらさせていただきます」（→○「やらせていただきます」）のような「さ入れ言葉」も使わないように気をつけましょう。

　【誤】来れる→【正】来られる

　【誤】やらさせていただく→【正】やらせていただく

（5）略語など

　バイト，スマホ，就活などの略語ではなく，「アルバイト」「スマートフォン」「就職活動」としましょう。

　「こちら，資料になります」（→○「こちらが資料でございます」），「よろしかったでしょうか」（→○「よろしいでしょうか」），「お名前のほう，頂戴できますか」（→○「お名前をお聞かせいただけますか」），「とんでもございません」（→○「とんでもないことです」）などのアルバイト先で使うような言葉にも気をつけましょう。

3．話し方

（1）クッション言葉を使おう

　「恐れ入りますが」「お手数ですが」「申し訳ございませんが」のようなクッション言葉を先に述べてから用件を話し，最後は「〜いただけますでしょうか／〜いただけませんでしょうか」のような依頼形で締めくくると，相手を気遣った丁寧な話し方となります。

（2）肯定表現を心がけよう

　「できません」「わかりません」「こちらは会場ではありません」のような否定表現より，「できかねます」「わかりかねます」「会場はあちらです」のような肯定表現を心がけましょう。また，「こちらの商品は値段は高いものの，大変使いやすい」など，よい点を後に話すとプラスの内容が相手の印象に残ります。

（上岡史郎・井﨑美鶴子）

Lesson 12　ビジネスシーンで求められる基本マナー

ビジネスシーンで求められるさまざまなマナーを理解しましょう。

1．物の受け渡し・名刺交換

　たとえば履歴書のような書類や，名刺のような小さなものまで，サイズにかかわらず両手で受け渡しましょう。こちらから渡す時は，文字が判別しやすく相手が受け取りやすいように相手側に向けて渡します。

　ビジネスシーンでは，初めて会う相手と名刺交換が行われます。

・名刺は両手で，胸の高さで，丁寧に受け渡します。渡す際は，「私，○○会社の□□と申します。よろしくお願いいたします」などと名乗りましょう。

・「●●会社の■■様でいらっしゃいますね」と相手の社名，名前を復唱確認し，読み方がわからない場合は「恐れ入りますが，どのようにお読みするのでしょうか」などと確認しましょう。名刺交換はテーブル越しに行わないこと，名刺に書かれている文字（会社名や名前）を指で押さえないようにしましょう。相手が複数名いる場合は，役職が高い人から順に名刺交換をしていきます。

　目下の人から先に名乗って，名刺を差し出しましょう。

・自分に渡された名刺は「頂戴いたします」と受け取り，社内の上司などに渡す名刺は「お預かりいたします」といって取り次ぎましょう。

・面談中は，受け取った名刺を相手の席順に合わせて並べておきましょう。

　受け取った名刺に，日付，用件，相手の特徴を書き込むなどして，都度，整理しておきましょう。

2．案内のマナー

　方向などを指し示して案内する場合は，指先をそろえて，相手の前を遮らないように，相手から遠い手で指し示しましょう。

　廊下などですれ違う場合は，会釈して挨拶しましょう。人を追い越す場合は，「失礼いたします」と声をかけましょう。

　エレベーターに乗って案内する場合は，相手を先に乗せてから，ボタンの近くに立って操作します。降りる時は，相手が先に降りてから続きます。

3．席　次

　席次とは，座席の順番のことであり，職位が上位の人が座る位置の席を上座（上席），下位の

人が座る席を下座（末席）といいます。来客には上座（上席）を勧め，出迎える側は下座（末席）に座ります。

　遠慮や謙譲の美徳として，来客があえて下座（末席）を選択する場合もあります。インターンシップの事前訪問などで部屋に通された場合は，下座（末席）で待ちましょう。

・応接室や会議室では，原則として入口から一番遠い席が上座（上席）。

・和室は，原則として床の間を背にする席が上座（上席）。

・自動車は，原則として運転席の後ろが上座（上席）で，助手席が下座（末席）。

・列車などは，進行方向の窓側が上座（上席）。

・エレベーターは，入口から遠く，ボタン操作をする案内人の後ろが上座。

【名刺交換】

受けとった名刺の持ち方
（時計盤の3時9時にあたる辺を持つ）

名刺の同時交換

名刺に書かれている名前を隠さないように持つ

【席次】

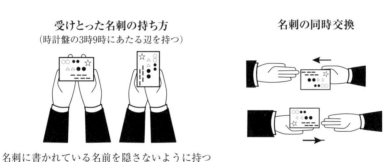

応接室

日本間

列車

エレベータ

自動車（業務用）

D：運転手

図2.12-1　名刺交換・席次

（上岡史郎・井﨑美鶴子）

Lesson 13　仕事への取り組み方

　インターンシップでは，学生であっても，研修先の組織の一員として仕事に取り組むことになります。そのために，まず学生と社会人の違いを理解しておきましょう。以下，3つの視点から説明します。

① 主体性：学生生活においては，あらかじめ決められたスケジュールに沿って授業を受講し，単位を取得します。一方，社会人は，自分は今何をすべきかを自分で考え，目的意識を持って主体的に動くこととなります。担当者の指示に従うのはもちろんですが，自分からできることを探し，積極的に提案をするといった姿勢で仕事に臨みましょう。

② 時間：仕事には必ず納期（締め切り）があります。学生は，試験勉強が間に合わなくても自分の責任で済みますが，仕事が納期に間に合わなかった場合，企業や取引先に多大な損害を与える可能性があることを理解しておきましょう。また，完成度をより高めるために，締め切りから逆算して余裕を持ったスケジュール管理をするようにしましょう。

③ 責任：学生は「対価をもらう側」でしたが，社会人は「対価を提供する側」です。インターンシップ生であっても，自分の行動一つひとつに責任を持ち，組織の一員として，関係者の期待を上回る価値を提供することを心がけましょう。与えられた業務の達成は当然のことであり，その内容をさらによくできないか粘り強く考えることが必要です。

　そして，仕事の質を高めるため必要不可欠なのが，次の8つの意識です。これらの意識を持って仕事に取り組みましょう。

① 顧客意識：顧客のニーズを理解し，顧客第一に考え，仕事に取り組む。

② 品質意識：常に仕事の品質の維持，向上を意識する。

③ 納期意識：どのような内容の仕事であっても，期限厳守。

④ 時間意識：時間もコストであると理解し，時間を無駄にせず取り組む。

⑤ 目標意識：明確な目標のもと，具体的な計画を立てて段取りよく進める。

⑥ 協調意識：自分の役割を正しく把握した上で，他者と助け合って進める。

⑦ 改善意識：自分の仕事に問題があれば改善し，自分の能力を高める。

⑧ コスト意識：コストとは，仕事を完成するためにかかる物，金，時間のすべてを指す。仕事にかかるコストを認識し，無駄をなくす努力を怠らない。

　インターンシップは，学生と社会人の違いを理解し，社会人としての仕事への取り組み方を学ぶ大きなチャンスです。自分から積極的に仕事に取り組みましょう。　　　　　（牛山佳菜代）

Lesson 14　１日のルール

1. 職場の１日

　職場では，始業時間から終業時間までが業務時間となります。限られた時間を有効活用し，仕事を効率良く進めることが大切です。

　慣れない職場で１日過ごすのは，誰でも最初はとても緊張するものです。まずは周りをよく観察し，職場の雰囲気に慣れましょう。なお，１日のタイムスケジュールは業種や職種によってさまざまですので，不明な点があれば，必ず上司や担当者に確認するようにします。

1) 出社時

　インターンシップが始まる前に，通勤時間や経路を調べ，余裕を持って出勤するようにしておきましょう。出勤の際には，誰に対しても自分から「おはようございます」と挨拶をします。始業時間より早めに準備を整え，当日のスケジュールを確認しておきます。始業時間になったら，すぐに仕事を開始できるようにしましょう。インターンシップ初日には，自己紹介が必須です。職場の方々によい第一印象を持ってもらうために，所属大学・氏名，趣味・特技，インターンシップへの意気込みなどを事前にまとめておき，指名されたら元気よく挨拶して自己紹介をしましょう。

2) 就業時間中

　優先順位の高い仕事から段取り良く行います。優先順位が不明な場合は，上司や担当者に質問をして確認しましょう。小さな仕事であっても，担当するものについて丁寧な仕上げを心がけ，ミスのないようにします。仕事の手があいたら，自分から上司や先輩に「何かお手伝いできることはありませんか」と声をかけてみましょう。なお，手が空いたからといって，業務時間内に，自分のスマホで私的な連絡をするなどは厳禁です。

3) 離席・外出

　離席とは，自分の席を離れることです。指示を受けて社内の他部署に行く，来客応対の準備などさまざまなケースが考えられます。外出は，上司や担当者の指示を受けて社外に出ることを指します。自分だけの判断による私用外出は原則として禁止です。就業時間中の離席や外出の際には，居場所がわかるようにしておきます。会社によりますが，スケジュール管理ソフト，上司や同僚に一言かけるなどルール化されている場合は，会社のルールに従います。

4) 休憩時間・昼休み

　机の上を整理してから休憩しましょう。休憩中であっても学生気分で大騒ぎはしないこと。慣れない仕事や職場では思っている以上に疲れますので，しっかり気分転換し，休憩終了時間にはすぐに仕事を始められるように準備を整えましょう。

5) 退社時

　取り組んでいる仕事の状況について報告をします。日報を書くことが課せられている場合は，提出するまでが業務です。翌日の予定を確認し，片付けを行った後に，「本日はありがとうございました」「明日もよろしくお願いします」「お先に失礼します」などと挨拶し，退社するようにします。

2．遅刻・早退・欠勤

　理由のない「遅刻」「欠勤」は厳禁です。どうしても「遅刻」「欠勤」をすることに至った場合は，必ず自分で，決められた方法で（電話，メールなど）研修先に連絡をするようにしましょう。

1) 遅刻

　交通機関の遅れなど，遅刻することがわかった時点で，上司や担当者に，できるだけ早く連絡を行います。「申し訳ありませんが，事故で電車が止まっているため，＊分程度遅れる見込みです」など，理由と出社予定時間を伝えます。出社後，上司に到着したことを報告します。

2) 早退

　事前にわかっている場合は，社内のルールに従って上司・担当者に申請し，許可を得ます。当日体調不良や緊急事態が生じた場合は，上司・担当者に口頭で理由を伝えて，指示を受けます。現在取り組んでいる業務について，必要な場合は引継ぎを行います。

3) 欠勤

　事前にわかっている場合は会社のルールに従って書類などを速やかに提出します。当日急に休む場合は，できるだけ早く上司・担当者に直接連絡し，理由を伝えます。インターンシップの場合は，大学で定められたルールに従って報告をします。

3．会社のルールを知る

　業務を行うにあたり，会社のルールを守ることは必須事項です。ルールには目に見えるもの，見えないものがあります。特に目に見えないルールについては，周囲をよく観察し，日々の経験の中で実践できるようにしていきましょう。

・目に見えるルール：就業規則（会社や社員が守るべきルールを定めたもの。労働基準法で作成が義務付けられている）

・目に見えないルール：上司の呼び方，服装，休憩のタイミング，給湯室・冷蔵庫などの使用ルール，コピーの取り方など

（牛山佳菜代）

Lesson 15　指示の受け方と報・連・相

1．指示の受け方

　研修先では，企業・団体の上司や担当者から指示を受けて仕事を行います。一番重要なのは「正確に理解」することです。記憶に頼らず，メモを必ずとるようにし，指示を受けたら必ず復唱（するように）しましょう。指示を受ける際の具体的な手順は以下のとおりです。

　①上司や担当者から呼ばれたら，仕事の手を止めて，明るくはっきりとした声で「はい」と返事をする。

　②メモ用紙と筆記具を持って，呼ばれた相手のもとに速やかに向かう。

　③5W3H（When いつ　Where どこで　Who 誰が　What 何を　Why なぜ　How どのように　How many　どのくらい　How much いくら）を意識してメモを取りながら，相手の話を聞く。

　④相手の話が終わってから，疑問や曖昧な点を質問する。

　⑤指示内容を復唱して，間違いがないか確認する。特に数字や固有名詞，期限などについては必ず確認をすること。また，複数の指示を受けた場合は優先順位を確認する。

2．報・連・相

　「報・連・相」とは，「報告」「連絡」「相談」を省略した言葉で，仕事を円滑に進める上で欠かせないものです。勝手な判断を行ったことで研修先に迷惑をかける可能性もあることを理解し，適切なタイミングでこれらを行うようにしましょう。

(1) 報告：与えられた指示に対して途中経過や結果を伝えることを指します。報告には，① 中間報告，② 結果報告，③ トラブル報告，④ 変更報告の4種類があります。報告が受理されてはじめて仕事は完了となります。雑用と思われるような小さな作業でも必ず報告が必要です。特に，ミスやトラブルが起きた際はすぐに報告し，指示を仰ぎます。報告を行う際には，まず結論から伝え，その後に理由や背景を説明するようにします。その際に，事実と自分の意見は明確に分けるようにします。

(2) 連絡：仕事上の事柄や事実について関係者に正確かつ確実に伝えることを指します。その情報を得たらできるだけ早く連絡をします。また，内容や状況により，口頭，電話，メール，文書などの連絡手段を適切に選択する必要があります。

(3) 相談：判断に迷った時に意見やアドバイスをもらい，解決の糸口を摑むことを指します。ミスを未然に防ぐために，自分で判断できないことについては問題が発生する前に相談をします。その際に，相談内容を整理することと，相談のタイミングにも注意しましょう。

（牛山佳菜代）

Lesson 16 質問の仕方

　インターンシップを通して成長するためには，失敗を恐れないで積極的に行動する主体性が重要になります。そのために，インターンシップでは「質問」することを意識してください。

　インターンシップの中では担当者から「何か質問はありませんか？」と聞かれる場面があります。ここで皆さんの積極性や，やる気が見られています。担当者から説明を聞く際や一緒に仕事をする際は，メモを取りながら話を聞き，疑問点や不明点については積極的に質問するようにしましょう。

　インターンシップの中で質問する場面として，① 会話や振り返りの中での質問，② 複数の人やタイミングを考えての質問，③ 疑問点や不明点の質問の 3 つがあります[1]。①は，受入先の担当者とのコミュニケーションをとるなかで，受け身ではなく相手の話に積極的に関心を向けて質問することが重要になります。②は，事前に質問を考えておくなど準備をしておくとタイミングよく質問ができます。③は，実際に一緒に行動したり，説明を聞いたりする中で感じた疑問点をメモしておくと質問がしやすくなります。

　質問ができる人は，相手の説明を注意深く聞き，自分の考えと照らし合わせて考えたり，疑問点をメモしたりすることができるといえるでしょう。質問する意欲をもってインターンシップに臨むことで，質問力が高まるだけでなく，問題解決力やコミュニケーション能力も高まります。もし，質問が出てこない場合は，下記にある質問の仕方を参考に考えてみてください。

1.　疑問点を質問する（わからないこと，気になることなど）

　　「…についてわからないため，もう一度教えていただけないでしょうか？」

2.　もう少し詳しく知りたい内容を質問する

　　「…についてもう少し知りたいので，具体的に教えていただけないでしょうか？」

3.　自分の意見を踏まえて，相違点について質問する

　　「…について私は…と考えているのですが，なぜ…であるか教えていただけないでしょうか？」

　インターンシップ担当者の説明を聞き，概ね理解できたことから特に質問がない場合もあると思います。質問がないかを尋ねられた場合には，「特にありません」と回答するのも 1 つですが，「ありがとうございました。…について具体的に理解できました。」など説明を聞いて理解できた点を伝えるとよいでしょう。

（松坂暢浩・山本美奈子）

注) ————————————

1)　山本美奈子・松坂暢浩（2022）「低学年インターンシップにおけるキャリア意識の変化─事前学習の質問行動に焦点をあてて─」日本キャリアデザイン学会『キャリアデザイン研究』18

Lesson 17　グループディスカッションの方法

　インターンシップ参加学生の選考においてグループディスカッション（集団討論）が行われることがあります。5〜10名程度の学生が，司会・書記・タイムキーパーなどの役割分担を決め，制限時間内に与えられたテーマについて全員で意見を出し合い，結論を出し，プレゼンテーションするというのが一般的な流れです。所要時間は30分〜60分程度になります。選考する担当者は，その様子や発表内容を踏まえて審査を行います。

　グループディスカッションの進め方としては，「議論」が「雑談」にならないように，以下の4つのステップで進めていきます（堀公俊（2014）『ファシリテーション入門』日経文庫）。ステップ1は「共有（目線合わせ）」です。すぐに議論に入るのではなく，まず目的と目標を設定し，タイムスケジュールやルールづくりなどに取り組んでください。ステップ2は「発散（質よりも量）」です。テーマに即してアイデアを出す「発散」は，自由な発想で発言し，一つひとつの発言に批評や評価をしないようにするとアイデアが出やすくなります。

　ステップ3の「収束（抜けや漏れがないように整理する）」は，ステップ2で出たアイデアをステップ1で設定した目的と目標に照らし合わせ，抜けや漏れ，重複がないか整理していきます。たとえば，アイデアを図解し，視覚化してわかりやすくした上で，メンバー間で共有するとよいでしょう。ステップ4は「決定（結論を出し確認する）」です。全員が納得できる内容であるかを改めて確認しましょう。

　ただし，周りの意見に同調して自分の意見が言えないことや他の誰かがやってくれるだろうという心理が働き，場合によっては手抜きをしてしまうことがあります。そうなると，思うように議論が進まず，納得できる結論が出ないことがあるので，このような状況に陥らないためのポイントを5つ紹介します。

1. 必ず自分の意見を発表する。その際には，自分の意見の背景や理由などを論理的に伝える。ただし，自分ばかり話さないように注意する。
2. 人の意見をきちんと聞き，なぜそのように言っているかなど理由を聞き，わからないことは質問する。
3. 時間の管理をしながら議論を進める。
4. 発言していない人には，意見を求め，全員が参画する環境を整える。
5. 一人ひとりの役割や責任範囲を明確にするために，各自が強みを活かしグループに貢献できる役割を見つけ，励まし合いながら取り組む。

(松坂暢浩・山本美奈子)

Lesson 18　ビジネス文書

　ビジネス文書は，組織としての公式文書であり，重要なコミュニケーションツール（情報伝達手段）となります。文書の目的は，必要な用件を正確に伝えることであり，記録として保存することです。ビジネス文書の基本書式を理解しましょう。

1.　ビジネス文書の書き方

　ビジネス文書は，下記のようなポイントを踏まえて作成しましょう。

(1)　白のA4判用紙を使用し，印字は黒を基本とする。強調のために下線や太字などを使用してもよいが，多用するとわかりにくくなるので注意する。

(2)　ビジネス文書は，数字やローマ字などが入っても書きやすいように横書きが基本だが，儀礼を重んじる社交文書は，縦書きにする慣習がある。

(3)　結論から書き出し，必要な要旨のみを簡潔にわかりやすく書く。
　　（「おそらく」「と思います」などの曖昧な表現は避ける）

(4)　日程や場所などポイントを整理し，箇条書きにする。

(5)　文体を統一する。社内文書は常体文「～だ。～である。」，社外文書は敬体文「～です。～ます。」にするのが一般的。

(6)　1枚の文書には，原則として1つの用件のみ書く。

2.　社内文書と社外文書

　社内文書は，通知，案内文書，伺い文書，議事録など社内でやりとりする文書であり，用件を簡潔かつ正確に伝えるようにします。

　社外文書は，取引に伴う文書や案内状，送付状など社外に向けて発信する文書であり，会社を代表する文書となるため，礼儀正しく丁寧に書く必要があります。

①文書番号	正式文書には，文書番号をつけて管理する。
②発信日付	文書の作成日ではなく，文書の発信年月日を書く。
③受信者名	表○「敬称の種類」を参考に，適切な敬称をつけて受信者名を書く。
④発信者名	原則として，会社・部署の代表者を発信者とする。
⑤件名	文書の内容を端的に書く。
⑥本文	社内文書は簡潔に述べる。 社外文書は，頭語と結語を用い，前文・主文・末文の構成でまとめる。
⑦記書き	必要情報を箇条書きで，わかりやすくまとめる。「なお，」から補足内容を書き，「以上」で締めくくる。
⑧担当者名	発信者とは別に担当者がいる場合は，担当者名・連絡先を書く。

〈敬称の種類〉

敬称	使い方	例
様，先生	特定の個人	□□株式会社　○○ ○○○様， ◆◆ ◆◆◆◆先生
	肩書つきの個人	□□株式会社 代表取締役　○○ ○○○様
殿	役職名	総務部長殿
御中	企業・団体名	株式会社□□御中 株式会社□□ 営業部 御中
各位	多数に対して （一人ひとりに対する敬意を含む）	お客様各位， 株主各位， 社員各位

＊文書を郵送する場合は，送付状を一番上にして，文書一式をクリアファイルにまとめてから封筒に入れます。送付状に記入した文書がすべてそろっていることを確認し，郵送しましょう。

　組織としての公式文書となるため，作成後は必ず誤字脱字，内容を確認し，上司の承認を受けましょう。
　正式文書は，必要に応じて発信側の押印をします。
　社交文書の基本書式は，p.122「礼状の意味と書き方」を参照。
　頭語を「拝啓」で書き出す場合は，結語は「敬具」で締めくくる。格式を重んじる文書では「謹啓〜謹白／謹言／敬白」，返信の文書では「拝復〜敬具」などの頭語と結語を用います。

社外文書の本文「○○の候」には，季節の風情を表す時候の挨拶を入れます。

1月	初春の候，新春の候，厳寒の候	7月	盛夏の候，猛暑の候，大暑の候
2月	余寒の候，立春の候，春寒の候	8月	残暑の候，秋暑の候，晩夏の候
3月	早春の候，春暖の候，浅春の候	9月	初秋の候，秋涼の候，涼風の候
4月	陽春の候，桜花の候，春暖の候	10月	秋冷の候，菊花の候，錦秋の候
5月	新緑の候，薫風の候，立夏の候	11月	晩秋の候，向寒の候，落葉の候
6月	初夏の候，梅雨の候，入梅の候	12月	初冬の候，師走の候，寒冷の候

〈社内文書の例〉

```
                                        人事発第○－○○号    ①
                                        20**年**月**日      ②

③  社員各位
                                                人事部長      ④
                                                             ⑤
                    ○○研修会の開催（案内）

⑥   ○○研修会を下記のとおり開催するので，出席してください。

⑦                           記
   ┌ 1. 日時　20＊＊年＊＊月＊＊日（月）10〜12時
   │ 2. 会場　本社A会議室
   │ 3. 研修内容
   │    (1) □□□□□
   │    (2) □□□□□
   └ なお，欠席の場合は，○月○日までに担当までメールでご連絡ください。

                                                    以上
                           担当　人事部 ■■（内線：123）    ⑧
                           メール　△△△
```

〈社外文書の例〉

① 20○○年○月○日

② 株式会社 ○○○○
　○○部○○○○課
　採用ご担当者様

　　　　　　　　　　　　　○○大学○○学部○○学科
　　　　　　　　　　　　　　　○○　　○○（ふりがな）
　　　　　　　〒○○○○ - ○○○○
　　　　　　　　○○○○○○○○○○○○○○○○○ ③
　　　　　　　電話番号　○○ - ○○○○ - ○○○○
　　　　　　　メールアドレス　○○○@○○○○○

　　　　　　応募書類の送付につきまして ④

拝啓　○○の候，貴社ますますご清祥のこととお慶び申し上げます。
　私は，○○大学○年の○○○○と申します。このたび，○○○○の○○○○を拝見し，ご連
⑤ 絡させていただきました。
　つきましては，貴社のインターンシップに応募いたしたく，下記の応募書類を送付いたしま
す。
　ご多忙の中，誠に恐縮ですが，ご査収くださいますよう何卒よろしくお願い申し上げます。
　　　　　　　　　　　　　　　　　　　　　　　　　　　　　　　　　　　敬具

⑥
　　　　　　　　　　　　　　　　　記
　　　　・貴社エントリーシート　　1枚
　　　　・○○○○○○　　　　　　○枚
　　　　　　　　　　　　　　　　　　　　　　　　　　　　　　　　　以上

（上岡史郎・井﨑美鶴子）

Lesson 19   電話・E メール

　電話も E メールも，ビジネスシーンにおいて日常的な連絡手段です。

　電話は相手と直接話すことができ，声のトーンや話す内容で気持ちやニュアンスまで伝えやすいメリットがあります。一方で，相手の時間に突然割り込むことから，タイミングが悪いと相手の迷惑になる場合もあります。必ず相手の都合を確認し，簡潔に話しましょう。

　E メールは相手の都合にかかわらず簡便に送ることができ，記録に残すこともできます。ただし，相手がいつメールを読むかはわからないので，緊急の場合は電話でも確認をとるなどしましょう。

1.　電話応対のマナー

(1)　メモと筆記具，よく参照する資料は電話の近くに用意しておきます。

(2)　電話が鳴ったら，3 コール以内に出ます。メモがとれるように利き手に筆記具を持ち，受話器はもう一方の手でとり，肘はつかずに正しい姿勢で電話に出ましょう。

　　3 コール以上待たせてしまった場合は，「(大変) お待たせいたしました」と一言添えて，電話に出ましょう。

(3)　第一声は「はい，○○会社 (○○部) でございます」など，明るくはっきりと挨拶し，相手が名乗ったら社名と名前を復唱して必ず確認します。

(4)　電話をかける時は相手の都合を考え，「ただ今 (○分ほど)，お時間よろしいでしょうか」などと確認してから用件に入りましょう。

　　電話をかける場合は，相手が聞きやすいように静かな環境でかけることも心がけましょう。

(5)　用件はメモをとって，復唱して確認します。

〈印刷された伝言メモがある場合〉

```
            伝言メモ
○○課長 宛
            ○月○日 ○時○分 □□ 受
◆◆株式会社 営業部 △△様から
□ 電話がありました
☑ 電話をいただきたい (TEL 03-1234-56 ××)
□ もう一度電話します (   日   時   分頃)
用件は下記のとおりです。
○月○日の面談時間について
13 時→ 15 時～へ変更をご希望。
請求書の件でも直接話したいとのことです。
```

〈自分で伝言メモを書く場合〉

```
○○課長
            ○月○日 ○時○分 □□ 受

◆◆株式会社 営業部 △△様から，お電話がありました。
○月○日の面談時間について，13 時→ 15 時～へ変更をご希望。
請求書の件でも直接話したいので，電話をください
とのことでした。
TEL 03-1234-56 ××
```

聞き間違いを防ぐために，たとえば「7（シチ）」ではなく「7（ナナ）」というなど，数字やアルファベット，漢字などはわかりやすく伝えましょう。

(6) 相手を待たせる時や取り次ぐ時は保留機能を使いましょう。ただし，30秒以上は待たせないようにし，即答できない場合は「折り返しお電話いたします」などと伝え，一旦電話を切って確認しましょう。

(7) 取り次ぎたい名指し人が不在の場合は，「折り返し電話をする」「伝言を承る」「他の担当者に代わる」など，相手の要望を聞いて，名指し人に確実に伝言します。

原則として，相手にコールバックをお願いするのではなく，「こちらから折り返しお電話いたします」と伝えましょう。そして，折り返しする電話まで確実に対応しましょう。

(8) 最後は「失礼いたします」「お忙しいところ，ありがとうございました」「どうぞよろしくお願いいたします」などと挨拶し，静かに受話器を置いて電話を切りましょう。電話はかけた方が先に切るのが原則ですが，相手が目上の方の場合は，相手が切るのを待って受話器を置きましょう。

電話の受け方

電話が鳴ったら

「はい，(社名) です。／はい，(社名) でございます」「おはようございます。(社名) でございます」

「お待たせいたしました。(社名) でございます」

　※ 3 コール以内に電話に出るようにし，明るい第一声を心がけましょう。

聞き取りにくい場合

「お電話が少し遠いようですが…」

「もう一度おっしゃっていただけますでしょうか」

相手が名乗らなかった場合

「恐れ入りますが，社名とお名前をお教えいただけますでしょうか」

「恐れ入りますが（失礼ですが），どちら様でしょうか」

挨拶をする

「いつもお世話になっております」／「こちらこそ，いつもお世話になっております」

取り次ぎを依頼された場合

「□□部の○○ですね。

（□□部の○○でございますね）

少々お待ちください」

用件がわからずに電話をつなぐ場合

「大変申し訳ございません。私ではわかりかねますので，ただいま担当の○○／わかる者と代わります。少々お待ちください」

名指し人に取次ぐ

「○○さん，＊＊会社の●●様から△番にお電話です」

名指し人が不在の場合

「大変申し訳ございません。○○はただいま外出いたしております。／席をはずしております」

（1）こちらからかけ直す

　「●時には戻る予定ですが，戻りましたら，○○からお電話いたしましょうか」

　「恐れ入りますが，念のためお電話番号をお教えいただけますでしょうか」

（2）伝言を承る（責任をもって伝言することを伝える）

　「お差し支えなければ，ご伝言を承りますが」「復唱いたします。～でございますね」

　「私，■■と申します。○○が戻りましたら，そのように申し伝えます」

電話を切る

「失礼いたします」と言って，電話をかけた相手が先に切るのを待って静かに受話器を置く。

電話のかけ方

相手が電話に出たら

「(社名) の○○と申します。いつもお世話になっております」

↓

名指し人を伝える

「恐れ入りますが，●●様をお願いできますでしょうか」

↓

名指し人につながった場合

「●●様でいらっしゃいますか」「(社名) の○○でございます。いつもお世話になっております」

↓

用件を簡潔に伝える

「早速ですが，□□の件でお話ししたいのですが，ただいま（△分ほど）お時間よろしいでしょうか」

↓

名指し人が不在の場合

（1）かけ直す

　「それでは，（＊日の＊時頃に）こちらから改めてお電話させていただきます」

（2）電話をもらう

　「恐れ入りますが，●●様がお戻りになりましたら，お電話をいただけますか」

（3）伝言を依頼する

　「それではお手数ですが，ご伝言をお願いします／おことづけ願えませんでしょうか」

　「私，○○と申しますが，恐れ入りますが，お名前をお聞かせ願えますか」

　「■■様でいらっしゃいますね。では，どうぞよろしくお願いいたします」

（4）用件がわかる人に代わってもらう

　「□□の件で，他にどなたかおわかりになる方がいらっしゃいましたら，お願いできますか」

↓

電話を切る

「お忙しいところ，ありがとうございました。失礼いたします」と言って，静かに受話器を置く。

（電話は，かけた方が先に切るのが原則）

2. Eメールのマナー

(1) 受信ボックスの件名を見て，重要度・緊急度（急ぎ）のメールから確認します。自分宛てのメールには，すみやかに返信します。返信メールを送ることによって，相手はメールが届き，内容が伝わったことがわかります。

(2) どのような用件かが一目でわかるような件名を必ず入れましょう。

(3) 宛先を間違えずに入力しましょう。目的に応じて宛先（To），CC（Carbon Copy の略），BCC（Blind Carbon Copy の略）を使い分けます。複数の宛先に送られたメールに返信する場合は，全返信が適切であるかを確かめ，返信先に注意しましょう。

(4) 本文は，一文が長くなりすぎないように 20 ～ 35 字程度を目安にし，読みやすいように行替えし，簡潔にまとめましょう。適宜，行間をあけ，箇条書きなども用いると読みやすくなります。

(5) 込み入った内容は添付ファイルにしましょう。ただし，容量が重たいファイルは添付しないようにしましょう。
ウィルス感染のリスクも考慮し，見覚えのないメールアドレスからのメール，添付ファイルは不用意に開かないのが鉄則です。

(6) 最後に，自分の氏名・連絡先などの署名を入れましょう。
署名をテンプレート保存しておくと便利です。

(7) 送信ボタンを押すと取り消すことができないので，送信前に必ず宛先欄，件名，メール本文を見直しましょう。ファイルの添付漏れにも気をつけましょう。

　電話，Eメールといった1つの手段だけで済ませようとせず，たとえば最初に電話で面談のアポイントメントをとり，面談の前後の確認やお礼はメールを送り，込み入った内容は文書を持参するなど，さまざまな手段を合わせてコミュニケーションをとることが求められます。
　「Slack」のようなビジネスチャットなど，新しいコミュニケーションツールも上手く活用していきましょう。

《メール文　解説》

メールの構成要素は，(1) 宛先，(2) 件名，(3) 宛名，(4) 本文，(5) 署名の５つです。

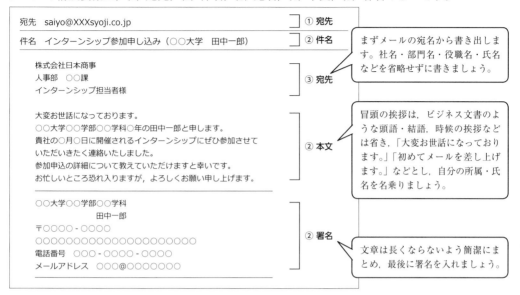

宛先　saiyo@XXXsyoji.co.jp　　　　　　　　　① 宛先

件名　インターンシップ参加申し込み（○○大学　田中一郎）　② 件名

> まずメールの宛名から書き出します。社名・部門名・役職名・氏名などを省略せずに書きましょう。

株式会社日本商事
人事部　○○課　　　　　　　　　　　　　③ 宛先
インターンシップ担当者様

大変お世話になっております。
○○大学○○学部○○学科○○年の田中一郎と申します。
貴社の○月○日に開催されるインターンシップにぜひ参加させて　② 本文
いただきたく連絡いたしました。
参加申込の詳細について教えていただけますと幸いです。
お忙しいところ恐れ入りますが，よろしくお願い申し上げます。

> 冒頭の挨拶は，ビジネス文書のような頭語・結語，時候の挨拶などは省き，「大変お世話になっております。」「初めてメールを差し上げます。」などとし，自分の所属・氏名を名乗りましょう。

○○大学○○学部○○学科
　　　　田中一郎
〒○○○○ - ○○○○　　　　　　　　　　② 署名
○○○○○○○○○○○○○○○○○○○○○
電話番号　○○○ - ○○○○ - ○○○○
メールアドレス　○○○@○○○○○○○

> 文章は長くならないよう簡潔にまとめ，最後に署名を入れましょう。

《To，CC，BCC の使い方》

Eメールの宛先 (To)・CC・BCC を適切に使い分けましょう。

宛先 (To)	「宛先 (To)」に，メールを送る相手のメールアドレスを入力する。 「宛先 (To)」に複数のメールアドレスを入力すれば，同じメールを一度に送ることができる。メールアドレスの共有については，事前に確認すること。
CC	「CC」は複写の意味で，カーボン・コピー (Carbon Copy) の略。「宛先 (To)」に加え，「CC」に入力したメールアドレスにも同じメールが送信される。「念のためにお送りします」という場合に，「CC」を使う。 本文の宛名で，「宛先 (To)」の人の下に，「CC」の人を「(CC：○○様)」と明記するとよい。（このように明記しないと，「宛先 (To)」で受信する人が，「CC」に気がつかないことがある）
BCC	「BCC」は，ブラインド・カーボン・コピー (Blind Carbon Copy) の略。「BCC」に入力されたメールアドレスは，受信者には表示されない。「宛先 (To)」，「CC」，「BCC」の受信者に，他の受信者がいることを隠したい場合や，受信者のメールアドレスがわからないようにして送りたい場合は「BCC」を使用する。

（上岡史郎・井﨑美鶴子）

Lesson 20　機密保持と守秘義務・ネットマナー

　企業のインターンシップに参加するとき，学生が注意すべき大事なポイントに，企業の機密保持があります。意図するかしないかにかかわらず，外部に流出してはいけない情報を流出漏洩することによって，企業に迷惑をかけてしまうリスクがあります。企業で守秘性が高い重要な情報は，「機密情報」という言葉で示されます。「機密情報」は，インターンシップの受け入れ企業の許可なく外部に流出すると，企業に多大な迷惑をかけることになり，場合によっては損害賠償などを請求されるような事態に発展することもあります。

　そこで，インターンシップに参加する前に，学生もしくは大学と企業の間で，「誓約書」や「守秘義務契約書」などを締結します。インターンシップ中に知り得た情報について，インターンシップ中に限らず終了後においても第三者に対して漏洩しないことを取り決めておきます。守秘義務とは，「職務上知り得た秘密を同意なく外部に漏洩してはいけない」という職業人に課せられる義務のことです。

　インターンシップでは，企業でさまざまな体験をすることになります。企業の顧客情報や個人情報に触れることがあるかもしれません。世の中には未発表の重要情報を知ってしまうこともあるかもしれません。そのような場合に，無断で外部へ漏らすことは禁止事項と心得てください。家族や友人に加えて，SNSを活用して不特定多数の人に対して情報発信することは要注意もしくは厳禁です。SNSは匿名で登録する方法が認められるものもありますが，そのような場合でも企業名が推察できることもあり，投稿者も特定される可能性もあることから，発信することを控えることは原則とすると心得てください。

　学生は，匿名で発信すれば，企業名を開示せずに一部を切り取って発信しているのだから，自分の投稿だと気づかれないと感じる場合もあるかもしれませんが，投稿すれば，一定以上の期間不特定多数の人の目に触れることになります。また，投稿の一部が切り取られて，歪んだ形の情報として加工されたうえ拡散し，炎上するリスクも存在します。

　企業の内部情報以外にも注意したい内容としては，たとえば次のような内容があげられます。企業の担当者を含めて，接した社員の個人情報やプライベートの話を許可なくSNSなどに載せることや，会社に対しての批判的なコメントや，HPなどで公開されていないような内容を広く拡散することは禁止事項です。また，企業の情報以外にも，インターンシップに一緒に参加した学生の悪口やプライベートなことを記載することは，トラブルの元になりかねないので控えてください。

　機密保持や守秘義務とも重なる領域ですが，企業での体験を勝手に写真に撮ってSNSに発信することや，企業での体験を許可なく記載することは，機密情報の流出につながる可能性が

高いため留意することが必須です。発信する場合は，あらかじめ企業の担当社員とコミュニケーションを重ねて，どのような範囲までは記載してよいかを確認した上で，実施することが大切です。また，SNS の活用では，本名以外のニックネームで実施する場合もあると思いますが，その場合も誰が投稿したかは特定される可能性があります。特定の有無に限らず，無断での発信や誹謗中傷などは控えるようにしましょう。

　また，SNS に限らず第三者に対して企業内で聞いた情報を伝えることは危険です。振り返りとしてインターンシップ先で学んだことを学内に共有することは，インターンシップを有益にするために重要なことですが，企業で得られた具体的な情報を安易に外部に発信してはなりません。インターンシップ生が，企業の守秘性が高い情報に触れることは多くはありませんが，万が一耳目に触れたとしてもそれを外部の人に発信することは論外です。

　通常，大学とインターンシップ先の企業とは「誓約書」や「守秘義務契約」などを締結します。「誓約書」の例としては経済産業省 (2012)『成長する企業のためのインターンシップ活用ガイド活用編』によると，次のような内容が例示されています。

　　「提出書面に虚偽の記載を一切しないこと」「貴社施設への利用に際しては，1.貴社の定める立ち入り禁止区域に立ち入らないこと，2.貴社施設をインターンシップ以外の目的に使用しないこと，3.貴社施設に第 3 者を立ち入らせないこと，4.その他，貴社諸規程及び責任者の指示に服すること」「インターンシップ期間中に知り得たいかなる事項については，インターンシップが終了した後といえども，貴社の書面による許可なく，第三者に開示・漏洩し，若しくは不正使用しないこと。特に貴社においてインターンシップ期間中取り扱う書類，ノート，磁気ディスク，その他これに類する資料及びその写しなど企業秘密資料の保管・管理については 1.貴社の諸規程・命令・指示に従うこと，2.貴社の書面による許可なく第 3 者に譲渡・貸与し，若しくは自ら不正使用しないこと，3.インターンシップ終了後は直ちに貴社に返還すること」「インターンシップ期間中に発生した著作権及び工業所有者等の成果物の所有権の一切は，貴社に原始的に帰属すること」

　これらは，罰則を設けるためのものではなく，注意喚起を促す点も含まれます。

　機密性の高い情報の取扱いに関する説明は，インターンシップの事前学習に組み込まれています。学生にとっては企業での業務体験や情報の守秘性，外部への漏洩などについては学生生活では経験しない場合が多いため，インターンシップの際にトラブルとなるケースが多いと考えられます。したがって，大学がインターンシップを主体的に実施する場合には，事前学習の中でマナー研修などと合わせて実施されることが多いのです。　　　　　　　　　（今永典秀）

Lesson 21　オンライン環境への対応

　新型コロナウイルス感染拡大（パンデミック）の収束後もオンラインでのインターンシップを継続する企業は一定数あると想定されます。その理由として，応募数の増加や地方学生との接点拡大，会場費や交通費がかからないというメリットがあります。また，参加する学生の視点に立つと全国どこからでも参加が可能で移動に要する時間もかからないことから，参加へのハードルが下がることも大きなメリットです。加えて，会場のキャパシティが決まっている対面式のインターンシップよりも，参加できるチャンスが広がります。

　オンライン環境の中でも自身の魅力を存分に発揮できるように準備をすることが重要です。以下の準備をしっかりと行い，インターンシップに臨みましょう。

1. 環境の整備

① PC環境：PCにカメラやマイク機能が搭載されているかを確認しましょう。搭載されていない場合は外付けタイプを準備しましょう。

② イヤホン：イヤホンはマイク付きの有線タイプがお勧めです。周囲の雑音をカットでき，相手の声は聞こえやすく，自分の声も届きやすいからです。無線タイプの場合，電池切れや接続が切れてしまうリスクがあります。

③ オンラインミーティングツールの準備：企業によって使用するツールは異なります。当日になって慌てることがないように，利用することが多い代表的なツールは事前にダウンロードし，アカウントを取得しておくことを勧めます。

　代表的なツール：Zoom, Microsoft Teams, Google Meet, Skype など

④ WiFi環境と参加環境：通信環境が安定する場所を事前に準備しましょう。また，カフェなど雑音が入りやすい場所からの参加は控えましょう。背景はぼかし加工を行い，自身の映り方も研究しましょう。相手から不快や不審に思われない環境を整えましょう。

2. マナーとポイント

① 服装・髪：自宅から参加する際も衣服は整えます。部屋着は論外です。髪は清潔感のある髪型にしましょう。男性は額を見せる，女性は眉毛が見えるようにするのがポイントです。

② 表情や表現：自然な笑顔で明るい表情で臨みましょう。目線や発声，ジェスチャー面で工夫が必要です。話をきちんと聞いているのか理解しているのかが対面よりも伝わりにくいため，返事をこまめにしましょう。話をするときは，大きめの声ではっきりと話すのがポイントです。

（眞野目悠太）

Lesson 22　プレゼンテーションの方法

　インターンシップでは自己紹介やグループディスカッション，課題に対する説明など，プレゼンテーションをする機会が増えます。要点をわかりやすく簡潔に話すことが求められます。そこで皆さんがすぐに実践することができる「エレベーターピッチ」というプレゼンテーション手法について説明します。

　「エレベーターピッチ」とはアメリカシリコンバレー発祥の手法で，15秒〜30秒という短時間で行うプレゼンテーションのことです。エレベーターに乗っているくらいの短い時間でプレゼンテーションをすることからきています。短時間ですから，伝える内容や要点を整理し，簡潔にわかりやすく話さなければなりません。エレベーターピッチを習得することにより，どんな場面でも言いたいことを簡潔に伝えられるようになります。

1.　エレベーターピッチの構成

　前提としてプレゼンテーションの目的を明確にしましょう。ビジネス上の会話には必ず話者の意図があります。自分の話の目的やゴールを明確し，次のような構成を考えましょう。

① フック：結論を端的に伝えることがポイントです。相手がプレゼンテーションを聞きたくなる動機を作ることを意識しましょう。

② ポイント：伝えたいことの要点は3つにしぼります。三大○○，松竹梅，三拍子，三種の神器など，3つに整理することは「マジックナンバー3」といわれ，人の頭を整理するさいに有効です。

③ クロージング：相手の迷いや悩みをなくすことがポイントです。相手が行動に移したくなる動機を作る内容を意識しましょう。

2.　エレベーターピッチの例
　　―面接でのエレベーターピッチを活用したプレゼンテーション―

　これまでの経験や実績を採用担当者にアピールするために，アルバイト先であるスポーツジムでの自社商品サプリメントやプロテインの販売実績をアピールする。

　「私は現在働いているアルバイト先で，正社員以上の目標を達成しています。達成できた理由は3つあると考えております。一つ目は，商品知識を得る為に自社商品はもちろん他社商品の調査を行っています。二つ目に，売れた理由売れなかった理由についても分析を行っています。三つ目に，販売数の多い社員の方のトーク方法を分析しトークスクリプトを作成し，自身のトークに活用しています。このような経験から，御社に就職したさいは目標を達成するための努力は欠かさずに，必ず達成することができます。」

（眞野目悠太）

Lesson 23　礼状の意味と書き方

　インターンシップ終了後，できるだけ早く礼状を出しましょう。礼状の時期を逃さないように，遅くとも終了後2～3日中には出しましょう。Eメールよりも，直筆で縦書きの礼状が望ましく，心を込めて書き感謝の気持ちを伝えます。

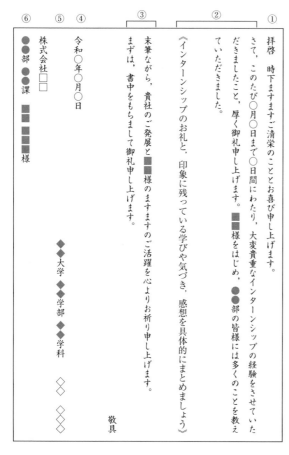

〈礼状の構成〉

① 頭語（拝啓）・前文

時候の挨拶や，会社の繁栄を祝う挨拶を述べる。

② 主文

「さて，」から主文を述べる。決まり文句ばかりでなく，また抽象的な表現にならないように，自分にしか書くことができない内容（印象的な出来事，学び，気づいたこと，感じたこと等）をできるだけ具体的なエピソードを交えてまとめる。

③ 末文・結語（敬具）

「末筆ながら，」「まずは，」などの表現で結ぶ。

④ 発信日付

⑤ 発信者名

⑥ 受信者名

会社名，法人名などは省略せず，必ず正式名称を書く。×㈱→〇株式会社

　礼状は，インターンシップ受入れ担当者宛てに書くとよいでしょう。

　それ以外の方々にも大変お世話になった，親身に指導してもらったというケースがあります。そのさいは，「■■様，□□様」（原則として役職の高い人が先），「■■様，皆々様」「■■様をはじめ〇〇部の皆様」などと連名にして謝意を表すとよいでしょう。複数名でインターンシップに行った場合も，礼状はリーダーが代表して書くのではなく，一人ひとり個別に書きましょう。

（上岡史郎・井﨑美鶴子）

封筒の記載方法

☑ 糊で封をし，封じ目に「〆」「封」「緘」などと書く。

☑ 封筒の中央より下半分に住所を書き，住所より大きめの文字で氏名を書く。氏名の横に，所属を書くとわかりやすい。

☑ 小さめの文字で，発信日付を書く。

☑ 郵便番号欄の印刷がある封筒は，郵便番号欄の下に住所・氏名・所属を書くとよい。

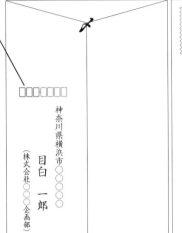

神奈川県横浜市○○○○○○○
目白　一郎
（株式会社○○○企画部）

123 4567

東京都新宿区西新宿○○－○
○○ビル　○○階

株式会社○○○○○○○
総務部　人事課御中

☑ 住所は，封筒の端から1cm程度空けて書く。

☑ 住所よりも，会社名や宛名を大きめの文字で書く。（役職名は宛名より小さく書く）

☑ 宛名は，封筒の中央にくるように書く。

Lesson 24　振り返りの方法

　インターンシップ参加後は，体験からの学びを整理して，今後に生かしていくために振り返りを行いましょう。大学などによっては，インターンシップ参加後に報告書の提出や成果発表を課す場合があります。そのため，インターンシップを終了してから間を置かずに振り返りを行ってください。ここで，振り返りの重要性について説明します。「正直，振り返りは面倒くさい」と感じる人もいると思います。社会で同じ経験をしても，成長する人とそうでない人がいます。なぜそのような差が生まれるかというと，成長する人は体験したことを振り返り，そこから次につなげるための教訓を得ると，それを自分のものにするように務めているからです。

　組織行動学者のデービッド・コルブは，人は経験を通し，それを省察することでより深く学べると考え，こうした学びを「①経験→②省察（内省）→③概念化→④実践」という4段階の学習サイクルから成る「経験学習モデル[1]」を提唱しました（図2.24-1）。

図 2.24-1　コルブの「経験学習モデル」
出所）Kolb（1984）を元に筆者らが作成

　経験学習とは，気づきの学習ともいえます。一人ひとりがある体験をしたあと，体験している時に自分の中で生じるプロセスに光をあてることで，さまざまな気づきを生み出します。振り返りは，体験の中で何を学んだかを気づくための欠かすことができない過程になります。そして，振り返りを踏まえて，体験に意味を見出し，そこから引き出された教訓を「マイセオリー（my theory）」と呼びます。この教訓を踏まえて，次の実践に活かして行動することが成長につながります。

　最後に，インターンシップ参加後の振り返りポイントを紹介します。

1. インターンシップ参加前に設定した目標の達成度（5段階）とその理由
2. インターンシップ参加前に持っていた受入先や仕事に対するイメージの変化とその理由
3. インターンシップを通じて感じた受入先や仕事の魅力は何か
4. インターンシップを通じて考えた自分自身にとっての働く意味（理由）とは何か
5. インターンシップの学びをこれからの大学生活でどのように活かしていきたいか

（松坂暢浩・山本美奈子）

注）

1) Kolb, D.A.（1984）*Experiential Learning: Experience as the source of Learning and Development*, Vol.1, Englewood Cliffs, NJ: Prentice-Hall.

Lesson 25　日報（業務日誌）の書き方

　インターンシップでは，毎日の業務内容に関する報告として日報（業務日誌）を受入先や大学などに提出する場合があります。日報は，社会人になった際にも同様に作成することがあります。

　ここでは，一般的な日報の書き方として，記入項目と記入例を紹介します。指定の形式がある場合は，それに従って記入してください。また，記入後は，受入先の担当者に提出し，フィードバックを受けるとよいでしょう。

【基本的な記入項目と記入例】

・時間：業務開始時間，終了時間，実働時間を記入する。

　記入例）時間　9：00 ～ 10：00　実働時間（分）60分

・部署：インターンシップ受入部署，担当者名を記入する。

　記入例）○○部　担当○○課長

・職務の内容：インターンシップで取り組んだ内容を具体的に記入する。

　記入例）出勤後に○○課長から，業務説明を受けました。その後，会議資料の準備としてエクセルを使用しデータ整理を行いました。

・本日の自己評価と理由：自分自身の取り組みについて自己評価（5段階）を記入する。

　記入例）自己評価：3

　　　　　理由：目標としていた…ができたことはよかったのですが，…は改善が必要だと感じたからです。

・成果や課題について：1日の業務を振り返り，成果や課題を整理した上で，翌日以降に取り組む内容を記入する。

　記入例）…の業務内容の説明では，メモをとりながら注意深く説明を聞きました。しかし，…の業務では，○○課長から…について改善のためのアドバイスをいただきました。私は当初…で問題ないと考えていましたが…が足りていなかったことに気づきました。明日は，この点を改善し取り組みたいです。

【その他】

　作成にあたり基本的なビジネス文書のマナーを意識して作成し，以下の項目を参考にチェックした上で提出してください。文体は指示に従うか確認してから取り組みます。

・記入漏れや誤字・脱字がないか，話し言葉で書いていないか

・事実と異なる内容が記入されていないか

・部署や担当者の名前を間違えていないか

（松坂暢浩・山本美奈子）

<u>Lesson 26</u>　トラブルへの対処方法

　インターンシップでは，失敗だけでなくトラブルが起きたり，巻き込まれたりする場合があります。インターンシップ中のトラブルをリスクとして捉えると大きく3つに分類することができます。1つ目は，学生自身の損害となる通勤中やインターンシップ中に発生した被災や事故などです。2つ目は，企業の損害です。機器や備品等の破損など学生が企業に対して与える損害になります。3つ目は，企業の受けた損害のうち第3者に対する賠償責任になります。たとえば，第三者に怪我を負わせた場合や個人情報の漏えいなどがあります。さまざまなトラブルに対して，冷静に対応できるように，表2.26-1の内容を事前に押さえておいてください。

表2.26-1　インターンシップで遭遇する可能性があるトラブルと対処行動

トラブル	具体例	対処行動
勤務開始時間に出勤できない	体調が悪い。寝過ごした。緊急事態が起きたなど。	受入先へ連絡し，事情を説明した上で指示を仰ぐ。必要に応じて大学に報告する。
自然災害が発生	地震，台風，水害などで出勤できない（交通機関がストップしている）など	安全第一を考え，無理に行動しない。公共交通機関がストップの場合は，自宅待機し，受入先に連絡し，指示を仰ぐ。必要に応じて大学に報告する。
ケガや体調不良	インターンシップ受入先での負傷。作業中に，気分が悪くなったなど。	受入先の担当者に相談。必要に応じて医療機関を受診し，受診後に大学に報告する。また，インターンシップ中は，健康保険証を必ず持ち歩く。
備品を壊した	受入先の備品（コピー機など）を誤って壊したなど。	受入先の担当者へお詫び。大学に報告する。また，インターンンシップ保険の対象になるか確認する。

出所：松坂・山本（2021）を元に筆者らが作成

　トラブルが発生した際は，隠さず速やかに対応しましょう。対応が遅れると，大きなトラブルになりかねません。発生時に円滑に対応するために，インターンシップの受入先や大学の連絡先を必ず携帯電話に登録およびメモに残してください。また，「報告」「連絡」「相談」を徹底してください。報告を行う際は，最初に「報告があります」と伝えた上で，結論→そのような状況に至った経緯の説明の流れで端的に説明するように心掛けましょう。たとえば，仮に遅刻をしてしまった場合などの「連絡」は，遅れてしまった理由，どのくらい遅れるのかなどを簡潔に伝えるようにしましょう。何か問題が生じた場合担当者に「相談」することで解決につながるケースは多々あります。相談する際は，最初に「相談です」と伝えた上で，相談内容→理由の流れで端的に伝えるように心がけましょう。　　　　　　　（松坂暢浩・山本美奈子）

引用・参考文献

国大協サービス（2019）「特集テーマ　インターンシップにおける変化」（https://www.janu-s.co.jp/uploads/mail_magazine/2019/201905.pdf：20221027 最終閲覧）

松坂暢浩・山本美奈子（2021）「大学と中小企業団体との産学連携によるインターンシップにおけるリスクの検討」地域活性学会『地域活性学会論文集 東日本大震災後10年特別大会』：135-138

Lesson 27　人権環境

　人権とは，「すべての人々が生命と自由を確保し，それぞれの幸福を追求する権利」「人間が人間らしく生きる権利で，生まれながらに持つ権利」（法務省ウェブサイト）のことです。

　企業は，自らの事業活動により利益を得る営利組織であるとともに，社会を構成する一員でもあります。近年，グローバル化の進展とともに企業活動における人権侵害が問題となっており，企業の人権尊重を促すさまざまな政策が各国で講じられています。企業活動における人権尊重は，「ESG 投資」を構成する「環境 Environment」「社会 Social」「ガバナンス Governance」のうち，「社会（Social）」に区分される重要な要素の一つであるとともに，SDGs（持続可能な開発目標）の達成においても重要な取り組みとされています。

　企業の人権の保護・尊重への取り組みを促すため，2011 年に国連により「ビジネスと人権に関する指導原則」が採択されました。この原則には，あらゆる国家・企業を対象として「人権を保護する国家の義務」「人権を尊重する企業の責任」「救済へのアクセス」が示されており，特に企業には，① 人権方針の策定，② 人権デュー・デリジェンス（人権への負の影響を特定，防止，軽減し，どのように救済するかという継続的なプロセスのこと）の作成，③ 救済メカニズムの構築を行うことが求められています。

　これまで日本の企業においては，パワーハラスメント，セクシュアルハラスメント，消費者の権利など，従業員や取引先に直接関連するものが多く取り上げられてきましたが，「ビジネスと人権」として広くとらえた場合，サプライチェーン（商品の生産（製品の原材料・部品の調達）から販売に至るまでの一連の経済活動のこと）全体，社会全体まで含めて人権侵害をなくし，保護していくことが求められます。法務省があげている企業が配慮すべき項目は以下の通りです。

　　1. 賃金の不足・未払　2. 過剰・不当な労働時間　3. 労働安全衛生　4. 社会保障を受ける権利　5. パワハラ　6. セクハラ　7. マタハラ・パタハラ　8. 介護（ケア）ハラ　9. 強制的な労働　10. 居住移転の自由　11. 結社の自由　12. 外国人労働者の権利　13. 児童労働　14. テクノロジー・AI　15. プライバシーの権利　16. 消費者の安全と知る権利　17 差別的対応・表現　18. ジェンダー（性的マイノリティを含む）　19. 表現の自由　20. 先住民族・地域住民の権利　21. 環境・気候変動に関する人権問題　22. 知的財産権　23. 賄賂・腐敗　24. サプライチェーン管理の不徹底　25. 救済へアクセスする権利

　　　　　　　　出所：法務省人権擁護局（2021）「『ビジネスと人権に関する調査研究』報告書」

　多様化した社会では人権への配慮を常に心がけるようにしましょう。　　　　　（牛山佳菜代）

Lesson 28　健康管理

　読者の皆さんは，健康の維持や増進のためにどのような努力や取り組みをしていますか。

　人生の何に重きを置くかは人それぞれですが，“健康”は外せません。「健康で生涯をまっとうできたら」「健康的な人生を実現したい」などは誰しもが共感する願いといえます。自暴自棄はその反対の行動です。自分にとって思い通りの健康管理ができるかどうかはかなり挑戦的な課題です。そのことは，健康産業の隆盛に如実に表れています。

　偏食や過食，そして拒食は健康に悪影響を与えるのみならず性格形成にも影響を与えているといわれます。健康管理は胎児のときから不可欠で，人の成長には必要にして十分な愛情と栄養補給，そして有形無形の知的刺激が必須です。“所属”も大事です。人はひとりでは生きられません。社会的な所属の有無は，精神的・経済的安定の両面から健康に影響します。健康管理は，自身の身体（心と体）への理解を深めることが肝心です。身体の発する注意報を無視することなく，適宜の休息や叱咤激励が有効です。

　「一病息災」[1]という言葉をご存知ですか。人は自分の身体と折り合いをつけながら徐々に心力や活力を蓄えていき，生活の質[2]やEQ[3]の向上に結び付けていくことが可能です。身体能力の向上を目指すうえで，よい生活習慣がそれらを補強します。健康管理は自己管理に重なります。さらに学修や経験を通して人は成長します。ワークライフバランス[4]を視野に入れ，心身ともにバランスのとれた生活を志向したいものです。

　なかでも，特にメンタルヘルス[5]に注意を払いましょう。何事も自分と向き合う機会ととらえ，自己の「平常心」のありかを探りつつストレスへの耐性や回避能力，吸収・消化の方策（処理法）を身につけていってください。つまりは，健康管理は全身への総合的な関心と自覚の問題に直結します。情報過多で生活上の不安材料が減じることのない社会では，一日の過ごし方およびその積み重ね方によっては容易に健康被害者になりかねないと自覚すべきなのです。自助努力だけでなく他者の力を借りることや，他者に委ねることが有効な対処法となることを心に留めてください。

　健康管理は企業の関心事の一つですが，そのために割く費用が問題となっています。インターンシップ先でも健康診断書の提出を求められることがあります。“健康”は人生そのものに影響を及ぼします。体調の異変に鈍感であってはなりません。「緊張」ではなく「脱力」「定着」ではなく「離脱」など，物事に執着しない生活態度や行動の選択が“健康的で質の高い生活”に繋がっていることがあります。自分に合った健康法を身につけること，それを社会人として踏み出す第一歩としたいものです。　　　　　　　　　　　　　　　（古閑博美）

注) ————————————————————

1) 持病が一つくらいある方が，無病の人よりも健康に注意し，かえって長生きできるということ。『広辞苑』(第六版)

2) 生活の質 "Quality of Life（QOL）" を問うことは，生活時間の見直しと不可分である。良好な人間関係，仕事のある生活，夢への挑戦や実現，社会や他人のために尽くすなどは生活者の幸せに欠かせない要素である。何に価値を置くかは人それぞれだが，自分なりに日常で実践できることがあるはずである。生きがいを感じる生活環境をみずから求め創造していく人は，そうでない人よりも「悔いなき人生」＝「人生を生き切る」実感が得られるであろう。行動の実践と継続が人を作り上げていく。

3) "Emotional Intelligence Quotient" の略。IQ（知能指数）に比して「心の知能指数」といわれる。他人とのかかわり方が柔軟でストレス耐性が高い人は周囲に受け入れられやすい。傾聴力や共感する態度は訓練や心掛け次第で向上するといわれる。

4) 1日の活動は「睡眠，食事，学修，仕事，社交，余暇，移動」などに分類できる。活動の時間配分は人それぞれであるが，身体によいことを選択する人ばかりではない。「失って知る健康の有り難さ」とならないよう，ときには我慢や節制に進んで取り組もう。

5) 精神の良好な状態を維持するために必要なことやできることは何か。心をオープンにすることを意識したい。自分ひとりで問題を抱え込まないようにしよう。ユーモアを解し，不幸を笑い飛ばす知的行動者でありたい。

第3部　ワークシート

Work 1　目標設定

参加目的
例）専門で学んでいる○○の知識が仕事で活かせるかどうか試したい。 例）○○の仕事を通して得られる働くやりがいについて知りたい。

↓

目標設定
例）毎日の業務終了後に，配属された部署の担当者から取り組んだ内容についてフィードバックをしてもらう。 例）○○の仕事している社員○名に，どのような時にやりがいを感じるか，エピソードを含めて質問し，話を聞く。

（松坂暢浩・山本美奈子）

Work 2　インターンシップを探す

インターンシップ先を探すにあたり，以下の項目（□）を行ったかチェックしてみましょう。

【チェックリスト】

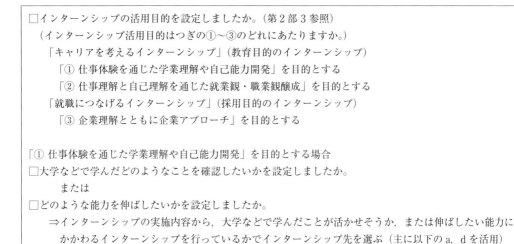

□インターンシップの活用目的を設定しましたか。（第2部3参照）
　（インターンシップ活用目的はつぎの①〜③のどれにあたりますか。）
　　「キャリアを考えるインターンシップ」（教育目的のインターンシップ）
　　　「① 仕事体験を通じた学業理解や自己能力開発」を目的とする
　　　「② 仕事理解と自己理解を通じた就業観・職業観醸成」を目的とする
　　「就職につなげるインターンシップ」（採用目的のインターンシップ）
　　　「③ 企業理解とともに企業アプローチ」を目的とする

「① 仕事体験を通じた学業理解や自己能力開発」を目的とする場合
□大学などで学んだどのようなことを確認したいかを設定しましたか。
　　　　または
□どのような能力を伸ばしたいかを設定しましたか。
　　　⇒インターンシップの実施内容から，大学などで学んだことが活かせそうか，または伸ばしたい能力に
　　　　かかわるインターンシップを行っているかでインターンシップ先を選ぶ（主に以下のa, dを活用）

「② 仕事理解と自己理解を通じた就業観・職業観醸成」を目的とする場合
□どのような仕事にふれてみたいかを設定しましたか。
　⇒その仕事体験ができるインターンシップを探す（主に以下のa, b, dを活用）

「③ 企業理解とともに企業アプローチ」を目的とする場合
□ 就職先としていきたい，または興味ある企業が決まっていますか。
　⇒該当する企業が行っているインターンシップを探す（主に以下のb, cを活用）

【インターンシップ先の探し方】（第2部3参照）

a. 大学などのインターンシップ受入機関リストから探す

b. 就職情報サイトなど，インターンシップを紹介している専門のウェブサイトやイベントか
　ら探す

c. 興味のある企業や自治体のホームページから探す

d. 自分の所属するゼミ，研究室の担当教員に紹介してもらう

（二上武生）

Work 3　自己分析

1. できること

Q1：自分の得意なことは何ですか。

　　例）初めて会う人と仲良くなること，コミュニケーションをとること

Q2：自分の苦手なことは何ですか。

　　例）数学や計算

2. やりたいこと

Q3：好きなことは何ですか。どんなことに興味が湧きますか。どんなことにワクワクしますか。

　　例）絵を描くこと，洋画を観ること

Q4：嫌いなことは何ですか。どんなことはやりたくないですか。

　　例）細かい数字の計算

3. 大切なこと

Q5：やりがいを感じることは何ですか。

　　例）自分が立てた目標に向かって努力すること，困っている人の役に立って喜ばれること

Q6：やりがいを感じないことは何ですか。

　　例）目的がよくわからないルールに従うこと，ゲーム

このページのワークを通じて気づいたことを3つ以上書きましょう。

（眞野目悠太）

Work 4　企業研究

STEP 1：知っている業種・企業名を書き出してみましょう。
・業種

　

・企業名

　

STEP 2：日本にある業種・企業の数を調べてみましょう。
　・業種の数　＿＿＿＿＿＿＿＿＿＿＿＿＿＿＿＿＿＿＿＿
　・企業の数　＿＿＿＿＿＿＿＿＿＿＿＿＿＿＿＿＿＿＿＿
STEP 3：興味のある業種をリストアップしましょう。
▼ Point
　これまでの自己理解のワークをもとに，以下の点から，興味のある業種をリストアップしましょう。
　・自分の理想を叶えるとしたらどのような業種がよいと思いますか。
　・どういった業種であれば高いモチベーションで働けると思いますか。

　

STEP 4：リストアップした中から最も興味のある業種を1つ選び，下記の項目について調べましょう。
▼ Point
　どのような業種があるのかわからないという人は，就職活動生向けのナビサイトや書籍（『会社四季報』の業界地図など）を活用し，調べてみましょう。
最も興味のある業種：　＿＿＿＿＿＿＿＿＿＿＿＿＿＿＿＿＿＿＿＿
・世界と日本の市場規模

　

・注目されているサービスや商品

　

・今後の動向

　

STEP 5：リストアップした業種で実際にインターンシップを経験した先輩に話を聞いてみましょう。親しい先輩がいない場合はキャリアセンターに相談しましょう。　　　　　（眞野目悠太）

Work 5　自己PR・志望理由

STEP 1：以下の Point 1～2 を意識しながら自己PRを書いてみましょう。

```


```

▼自己PR事例

① 私は，粘り強く努力することができます。あきらめずに最後まで取組むことは，自分を成長させることにつながると考えているからです。※ Point 1

② 塾講師のアルバイトを始めた頃は，上手な教え方がわからず，生徒に理解してもらうのに時間がかかっていました。また，集中力が続かない生徒もいて，正直，投げ出してしまいたい気持ちの時もありました。しかし改善に向けて，先輩のかかわりを真似し，生徒の特長をとらえ，かかわり方や教え方を工夫するようにしました。このように意識して取り組んだ結果，生徒の学習意欲が向上しました。※ Point 2

※ Point 1：自分の何が強みなのかを端的に結論から書く

※ Point 2：強みを活かしてどんな課題に対してどんな結果をつくることができたのか具体的なエピソードを書く

STEP 2：以下の Point 1～3 を意識しながら志望理由を書いてみましょう。

```


```

▼志望理由事例

【私は，自分が将来どのような社会人になりたいのかを考えるために，インターンシップの参加を希望しました。】※ Point 1

【大学卒業後は，専門を生かして○○の仕事に就きたいと考えています。しかし，漠然としたイメージしかないため，将来どのように働きたいのかという具体的な考えを持ちたいと思いました。そのような中で，○○が体験できる貴社のプログラムを知り，インターシップ参加を通して，働くイメージを明確にしたいと考えました。】※ Point 2

【インターンシップでは，社員の皆様と話す機会を多く持ち，最低でも5人以上の方からお話を聞きたいと考えています。特に働く上でどのような点を大切にしているのか，また仕事の大変さについてもお聞きしたいです。】※ Point 3

※ Point 1：自分がインターンに参加する目的を端的に結論から書く

※ Point 2：参加目的の背景・理由を志望企業のプログラム内容に絡めて書く

※ Point 3：インターンシップでどんな体験・経験がしたいのかを具体的に書く

（眞野目悠太）

Work 6　事前訪問のマナー

（　　　）や「　　　」の空欄に，当てはまる言葉を入れましょう。

(1) 訪問前の準備

・訪問できる候補日時を３，４つ選び，事前に電話で（①　　　　　）をとるのが原則。

・事前の電話はかける時刻に配慮し，静かな所で電話をかける。

（始業前後・昼休憩・終業前後の時間帯は避ける）

・訪問日時は，相手の都合を優先して決める。

・訪問先の情報（住所・地図，受入れ担当者の氏名・部署名・電話番号・メールアドレスなど），

（②　　　　），（③　　　　）など，事前訪問に必要な持ち物を準備する。

・訪問先への交通手段や所要時間を調べておく。

(2) 訪問時の受付

・訪問時の（④　　　）分前には受付に到着する。

・訪問先の入り口前で，コート類を脱ぎ（寒い時期），携帯電話の消音を確認する。

・受付で挨拶をして「⑤　　　　　　　　　　　　　　　　　」と述べ，取り次ぎを依頼する。

(3) 面談時

・案内に従い，部屋に入る時は「⑥　　　　　　　　　　　　　　　」と一礼して入室する。

・「座ってお待ちください」と言われたら，出入口に一番近い下座の席に座る。

・座る時も，「⑦　　　　　　　　　　　　　　」と述べてから着席する。

・カバンやコート類はテーブルの上には決して置かず，自分の身近に置く。

・相手が入室したらさっと立ち上がり，「⑧　　　　　　　　　　　　　」と挨拶する。

・名刺を出されたら「頂戴いたします」と言って（⑨　　　　）で，（⑩　　　　）の高さで

丁寧に受けとる。（自分の名刺を作成している場合は，名刺交換をする）

・受け取った名刺は，面談が終わるまでテーブルの上に置く。

・「どうぞおかけください」と言われたら，「⑪　　　　　　　　　　　　」と言って，座る。

・お茶など飲み物を勧められたら「ありがとうございます」とお礼を述べ，いただく。

・面談中は相手の話をよく聞き，節度をもって敬語で話す。重要なことは（⑫　　　　）をと

り，（⑬　　　　）する。

(4) 面談後

・相手の貴重な時間をいただいたことを考え，「⑭　　　　　　　　　」と挨拶し，退室する。

・コート類は入口を出るまで着ない。

・訪問後にお礼のメールまたは電話をする。　　　　　　　　　　（上岡史郎・井﨑美鶴子）

Work 7 電話対応

【ワーク：伝言メモ】

名指し人が不在の場合，電話を受けた相手から聞き取った内容は，下記のような伝言メモにまとめ，名指し人に渡します。電話を受けたと想定して伝言メモを作成してみましょう。

伝言メモの例

```
_____様
                        (    受)
    月   日(  )   時   分
_____様より電話がありました。
■ 折り返しお電話ください。
  (TEL                    )
■ また，お電話します。
■ 用件は下記の通りです。
  _____
  _____
```

【電話応対チェックシート】

各項目について「○：よくできている」，「△：ふつう」，「×：できていない」の評価と，コメントを記入しましょう。

チェック項目	評価（○・△・×）	コメント（よい点や改善点など）
電話をかける・受ける準備が整っている（相手の連絡先・メモ・質問事項など）		
正しい姿勢で電話をしている ※肘をつかないようにする		
さわやかな名乗り，挨拶ができている		
張りのある聞き取りやすい声とスピードで，ハキハキ話している		
語尾まではっきりと話している		
適切な相づち・返事ができている		
正しい言葉遣いで話している		
話す内容が整理できている		
必要事項の復唱確認ができている		
相手に敬意をもって話している		

（上岡史郎・井﨑美鶴子）

Work 8　言葉遣い

（　　　）や「　　　」の空欄に，当てはまる言葉を入れましょう。

1．企業等の敬称（書き言葉と話し言葉）

企業など	書き言葉	話し言葉
会社・銀行・商店	貴社・貴行・貴庫・貴店	（①　　　　　）・御行・御庫・御店
団体	貴会・貴協会・貴組合	御会・御協会・御組合
役所	貴省・貴庁・貴局・貴所	御省・御庁・御局・御所
病院	（②　　　　）	御院
福祉施設	貴法人	御法人
学校	貴校（高校・専門学校・大学校など），貴学（大学・短期大学 など）	御校（高校・専門学校・大学校など），御学（大学・短期大学 など）

2．接遇用語

わたし／ぼく	私（わたくし）
わたしたち	（③　　　　　　）・当方
自分の会社	（④　　　　　　）・弊社
自分の店	（⑤　　　　　）
お父さん／お母さん	父／母
このあいだ・このまえ	先日（せんじつ）
あとで	（⑥　　　　　）
すみません・ごめんなさい	失礼いたしました・（⑦　　　　　　　　）
どうですか・どうでしょうか	いかがでしょうか
（私は）どうしたらいいですか	いかがいたしましょうか
（あなたは）どうしたいですか	いかがなさいますか
（あなたの）言うとおりです	（⑧　　　　　　　　　　）
わかりました	かしこまりました・（⑨　　　　　　　）
わかりません	わかりかねます
できません	（⑩　　　　　　　　）
ないです	（⑪　　　　　　　）

3．次の表現を，正しく丁寧な言葉遣いに直しましょう

(1)「中山様がおみえになられました」（⑫　　　　　　　　　　　　　　　　　　　　）

(2)「部長，資料はご覧になられましたか」（⑬　　　　　　　　　　　　　　　　　　）

(3)「あのう，このコピー機の使い方がわからないので，教えてくれませんか」（⑭　　　　　　）

(4)「ごめんなさい。あしたは行けません」（⑮　　　　　　　　　　　　　　　　　　）

（上岡史郎・井﨑美鶴子）

Work 9　仕事の取り組み方

下記のケースを読み，インターンシップ先での適切な行動について考えてみましょう。

No	課題のある（適切ではない）仕事の取り組み方	適切な行動を考えてみましょう
1	インターンシップで与えられた仕事に取り組んでいる際に，トイレに行きたくなった。しかし，周りの社員が忙しそうなため何も言わずに席を外した。	
2	指示された仕事が難しいと考え，周りに迷惑をかけるのは嫌だったので「できません」とただちに断った。	
3	指示された仕事をしている途中に，教えられたやり方に問題を感じ，改善策を思いついたので相談せずに自分の判断だけで新しいやり方に変更した。	
4	インターンシップ先の社員の皆さんに対する呼び方として，「役職」で呼ぶのか「さん」付けで呼ぶのか迷ってしまった。	
5	通勤や移動の際に，革靴だと歩きづらいので，スニーカーとリュックで出勤した。	
6	職場で挨拶をしたが，周りから反応がなかった。おそらく忙しいからだと考え，次からは挨拶をしないようにした。	
7	指示された仕事が終わり，特に他にやることがないので，スマートフォンを見ながら時間をつぶしていた。	
8	友人からインターンシップ先に興味があるので資料がほしいと頼まれたので，会社のためにも学生に案内すればプラスになると個人的に判断し，インターンシップでもらった資料を勝手に渡した。	
9	担当者がPC作業でパスワードを入力している際に，個人情報であるため，打ち込んでいる際には覗き込まないように注意した。	
10	朝起きたら寝坊をしてしまい，インターンシップ先の始業時間が過ぎていた。慌てて準備をして家を出て電車に乗ってしまったため，インターンシップ先に連絡ができなかった。そのため，駅についてから連絡することにした。	

★インターンシップ先での適切な行動について考えるにあたり，実践編の各章の内容と下記の
ヒントを参考に考えてください。

No	各ケースを考える上でのヒント
1	仕事場を離れる際には，どこに行くかを必ず伝えるようにしましょう。タイミングを見て伝えるには，どのような方法がよいかを考えてみましょう。
2	取り組む前からできない理由を考えず，どのようにすればできるかを考えるようにしましょう。この場合，どのような行動が適切かを考えてみましょう。
3	このような改善のための工夫は必要ですが，このように勝手に判断してよいかどうか考えてみましょう。
4	受入先にもよりますが，「役職」で呼ぶケースが多くあります。インターンシップ先で社員同士がどのように呼び合っているかを確認し行動をすることが重要になります。社内のルール（暗黙のルールを含む）を確認するための方法について考えてみましょう。
5	受入先にもよりますが，服装などについて自分で勝手に判断せずに，事前に確認する必要があります。また，社会人の身だしなみとしてどのような服装などが適切かを考えてみましょう。
6	挨拶は，聞こえなければ（伝わらなければ），挨拶していないのと同じです。このような場合，どのような点を意識すればよいか考えてみましょう。
7	空き時間の行動として適切ではない行動や空き時間をうまく活用して取り組める内容を考えてみましょう。
8	社内の資料の中には，外部に出していけない機密情報を含む資料があります。断らずに勝手な判断で持ち出してはいけません。まず取るべき行動は何かを考えてみましょう。
9	他にも取引先との取引内容など機密情報などを勝手に見ることのないように注意が必要です。その他としてインターンシップ中に注意すべき行動を考えてみましょう。
10	寝坊や遅刻しそうな場合は，前もって受入先のインターンシップ担当者に必ず電話連絡をしてください。また，電話する際は，謝罪，遅刻の理由，到着予定時間を伝えてください。その上で，担当者の指示を仰いてください。もし，電話ができない場合は，メールするなどの対応ができるようにしてください。ただし，このようなことが起こらないように気をつける。万が一起きた際はすみやかに対応を考えましょう。

（松坂暢浩）

Work 10　報告・連絡・相談（報・連・相）

1．次の内容は「報告・連絡・相談」のどれにあたるか，またどのタイミングで行うべきか考えてみましょう。

　1)　電車が遅延して遅刻しそう　　　　　　　報告・連絡・相談　　　いつ

　2)　仕事の締め切りが間に合わない可能性がある　報告・連絡・相談　　　いつ

　3)　明日，臨時の会議が開催されることになった　報告・連絡・相談　　　いつ

2．指示の受け方

　上司より，「B社へ提出する提案書をまとめておいて」との指示がありました。このような指示を受けた際に，あなたが上司に確認すべき事柄をあげてみましょう。（ヒント：5W3Hをもとに考えてみましょう）

```

```

3．報告の方法

　あなたはセミナー企画会社の社員です。取引先であるセミナー主催者のA社の田中さんからの連絡について，課長に以下のように口頭で報告しました。この報告の問題点をあげて，口頭報告をするのにふさわしい順番と表現に直し，報告をしてみましょう。

　「田中さんから電話があって，次回のセミナーについて，参加希望人数が100人を超えそうなので，会場を変更する必要があるかもしれない，とのことでした。その場合，会場変更するのはいつまで可能か教えて欲しいとのことです。あと，田中さんがいっていたのですが，セミナーをもしオンライン配信する場合，どのような準備が必要か教えてほしいとのことです。これらの内容について，来週打ち合わせをしたいそうですが，田中さんは水曜日と金曜日の午前中しか空いていないそうです。田中さんは忙しそうでした。」

問題点を箇条書きであげてみましょう

```

```

適切な報告に修正してみましょう

```

```

　　　　　　　　　　　　　　　　　　　　　　　　　　　　　　　（牛山佳菜代）

Work 11　送付状・Eメールの書き方

1．書類送付状の書き方

以下の内容は不備があります。正しい送付状を作成してみましょう。

　　　　　　　　　　　　　　　　　　　　　　　　　　　　　　○○年○月○日

（株）○○○○

総務部人事課

採用担当者様

　　　　　　　　　　　　　　　　　　　　　　　　　　　　　○○大学○学部○学科

　　　　　　　　　　　　　　　　　　　　　　　　　　　　　　　○○　○○

こんにちは。

　　○○大学○学部○学科の○○○○です。大学で（株）○○○○のインターンシップ募
集案内を見て，応募しました。

　　エントリーシートを同封したのでよろしくお願いいたします。

↓

---

2. 敬称のつけかた

下記の場合，どのような敬称になるか考えてみましょう。

（株）日本商事　総務部人事課　あて

（株）日本商事　総務部人事課　採用担当　あて

（株）日本商事　総務部人事課　佐藤一郎さん　あて

3. 書類送付時のチェックリスト

企業に郵送する前に以下の項目をチェックしましょう。

チェック項目	✓
①封筒と送付状の宛名 ⇒封筒の送り先と送付状の送り先が同じかどうか確認しましたか。	
②日付は作成日ではなく投函日 ⇒日付は作成日ではなく，投函日を記入しましたか。	
③送付状の送付内容と送付物が一致してるか ⇒送付状に記入した内容物と送付物が同じかどうかを確認しましたか。	
④封筒に入れる順番 ⇒送付状→エントリーシート→履歴書→その他の書類の順に入れましたか。	
⑤クリアファイルに入れる ⇒一式をまとめて透明のクリアファイルに入れましたか。	

4. Eメールの書き方

以下の内容は不備があります。正しいメール文を作成してみましょう。

宛先　saiyo@nihonsyoji.co.jp
_____
Cc
_____
Bcc
_____
件名
_____

　（株）日本商事
　　インターンシップ担当者様

　こんにちは！
　○○大学○○学部の田中一郎です。
　大学でインターンシップを知りメールをしました。
　インターンシップへの参加をぜひお願いします！

　田中一郎

宛先　saiyo@nihonsyoji.co.jp
_____
Cc
_____
Bcc
_____
件名
_____

5. 宛先，CC，BCC の使い方

正しいものに○を入れましょう。

① 直接担当者（部署）あてにメールを送付するとき	To　CC　BCC
② メインの送付先以外に念のため送付するとき	To　CC　BCC
③ To，CC，BCC の受信者に，他の受信者がいることを隠したい場合や受信者のメールアドレスがわからないようにして送るとき	To　CC　BCC

6. メール送付のチェックリスト

メールを送る際に以下の項目をチェックしましょう。

チェック項目	✓
① 送り先の社名や宛名は正確に書きましたか。	
② 所属のメールアドレスで送信していますか。	
③ 絵文字は入っていませんか。	
④ 誤字はないですか。敬語の使い方は正しいですか。	
⑤ 改行や段落分けをして読みやすい文面になっていますか。	
⑥ 無駄なやりとりはありませんか。	

7. メール返信の注意点

メール返信をする前に以下の項目をチェックしましょう。

チェック項目	✓
①　返信のタイミング 　　メールの返信は時間を置かずにすることが大切です。 　　返信日が決まっていない場合も 24 時間以内には返信します。	
②　件名 　　返信メールの件名はそのままとします。 　　「Re:」や返信画面に引用されている本文はそのままにします。	
③　宛先 　　To だけでなく，CC にもアドレスが入っているかを確認します。	
④　感謝の一言を添える 　　たとえば，「お忙しい中，ご対応くださいましてありがとうございます」などの 　　一文を入れると印象が良くなります。	

（上岡史郎・井﨑美鶴子）

Work 12　プレゼンテーション

自分をアピールする際のエレベーターピッチを考えてみましょう。

STEP 1：つぎのエレベーターピッチ例を読んで参考にしましょう。

フック	最初の一言で相手の心を掴む。	私はサークルでリーダーを務めており，今までのサークル史上一番の功績を創ることができました。
ポイント1	端的にメリットを伝える。	目標達成までのプロセスを具体的にしてアクションを明確にすることができます。
ポイント2		メンバーの長所や短所を把握し，最適な組織構成を考えることができます。
ポイント3		上手くいったこと，上手くいかなかったことを細かく振り返り改善することができます。
クロージング	最後の一押し	このような経験を活かし，御社に就職した際も目標を達成することができ，これまでに無い成果を創りたいと考えています。

STEP 2：面接で自分をアピールする際のエレベーターピッチを書いてみましょう。

フック	最初の一言で相手の心を掴む。	
ポイント1	端的にメリットを伝える。	
ポイント2		
ポイント3		
クロージング	最後の一押し。	

（眞野目悠太）

資　　料

インターンシップ全体の流れ

　大学の授業の一環として行われるインターンシップの一般的な流れは以下のとおりです。大学によって細かい流れは異なりますので，実際にインターンシップに参加する場合は，大学の担当部署や担当者に確認してください。

① インターンシップガイダンス

　ガイダンスでは，研修先や実際に参加した先輩の声などの紹介，単位認定の要件などの説明などが行われる。自分はどんなインターンシップに参加したいのかを考えるきっかけになるため，参加が必須となっていなくても，積極的に参加することが望ましい。

② オリエンテーション（事前学習）

　大学によっては，オリエンテーションへの出席を必須にしていたり，必修授業としている場合もある。この段階では，自分がインターンシップで何を得たいのかを考え，参加する目的を明確にすることが望ましい。

③ 希望研修先の申請・マッチング

　大学にもよるが，選考が行われる場合がある。選考は，履歴書，エントリーシートが必要となる場合があるため，自己PR，志望動機などについては早めに準備しておく。

④ 研修先の確定

　研修先が確定した段階で，学生は誓約書の提出，大学と研修先の間で協定書を取り交わす（フォーマットは資料編参照）。各書類には重要事項が記載されているので，内容をきちんと把握しておくこと。また，研修前に，研修先への事前訪問，事前調査などを行う。

⑤ 研修

　研修中は，日報あるいは週報などを企業担当者または大学担当者に提出する。日報提出までがインターンシップと考え，締切日までに確実に提出する。

⑥ 事後学習／研修報告書作成

　報告書の内容は大学によってさまざまであるが，研修を振り返り，次につなげるためのステップと考え，過不足のないように記入する。

⑦ 成果報告会で発表

　成果報告会に，企業や後輩が出席する場合がある。成果報告終了までがインターンシップととらえ，余裕を持って準備を行う。

⑧ 成績評価

　各提出課題，研修中の取り組み姿勢・日報，事後学習，成果報告，研修先からの評価などをもとに成績評価が行われる。

（例）

誓　約　書

年　　月　　日

　　　　　　　御中
_____

　　　　　　　　　　　　　大学：_____

　　　　　　　　　　　　　学部学科：_____

　　　　　　　　　　　　　氏　　名：_____　印

　　　　　　　　　　　　　保　証　人：_____　印

　　この度，私が貴社においてインターンシップを実施するに当たり，下記の事項を厳守することを誓います。

記

1．実習期間中は，貴社の就業規則とこれに基づく諸原則の定めに従います。

2．貴社の諸規則を守り，実習期間中は貴社の管理監督の内容に従います。

3．実習に際しては，次の事項を厳守いたします。

　　(1) 貴社の名誉を毀損するような言動は行わない。

　　(2) 貴社の営む事業を阻害するような言動は行わない。

　　(3) 実習上，知り得た貴社の機密に属するものは一切漏洩せず，他の目的で使用しない。

　　(4) 貴社より貸与された物品があるときはこれを丁寧に扱い，貴社の求めに応じて，速やかに返還する。

4．故意または過失により貴社に対し損害をおよぼしたときはその責を負います。

5．実習中，自己の不注意により万一災害を受けた場合の処理については，貴社に迷惑をかけることなく自己の責任において処理いたします。

以上

（例）
インターンシップに関する協定書

○○（企業名）（以下甲）と＿＿＿＿＿＿大学（以下乙）は，インターンシップを実施するにあたり，次のとおり協定を締結する。

第1条【目的】

本契約においては，乙に所属するインターンシップ履修学生に社会との連携を持ち協働することを経験させ，大学内では得ることが困難な企業実務を通し，勤労観及び職業意識の涵養と基礎的且つ汎用的能力の更なる向上を目指すことを目的とする。

第2条【プログラムの内容】

学生が乙において実務を経験する期間，勤務場所，実習内容，服務条件等については，甲，乙間で調整の上定める。

第3条【報告】

1　甲は，インターンシップ履修学生の事故その他の事由によりプログラムに支障が生じたときは，速やかに甲に報告するものとする。
2　甲は，乙がインターンシップ実施期間中のプログラムの進捗について報告を求めたときは，速やかに報告するものとする。

第4条【費用】

インターンシップに伴う費用が発生する場合は，甲，乙及びインターンシップ履修学生で確認のうえ，覚書に記載するものとする。

第5条【災害傷害保険等】

1　乙は，予めインターンシップ履修学生を学研災付帯賠償責任保険に加入させなければならず，インターンシップの実施に伴う通勤及び災害については，この保険によるものとする。乙は，インターンシップ履修学生には自己の安全に留意させるものとする。
2　インターンシップ中に災害等の事故が発生した場合には，甲・乙双方で協力し迅速に解決に向けて努めることとする。

第6条【遵守事項】

1　乙は，インターンシップ履修学生に対し次の事項を指導し，遵守させるものとする。
（1）　インターンシップ期間中は甲の就業規則を尊重すると共に研修遂行にあたり甲の監督，

　　　指導，　助言に従うこと。

　(2)　インターンシップ期間中に，甲または甲の顧客等から知り得た秘密の事柄について，乙の同意なしに第三者に提供，漏洩しないよう義務付けること。

2　乙及びインターンシップ履修学生は，インターンシップを通じて知り得た甲の情報（甲の従業員の個人情報を含む。）を第三者へ漏洩し，または本協定に基づくインターンシップ以外の目的で使用してはならない。

4　甲は，インターンシップを通じて知り得た乙またはインターンシップ履修学生の情報（甲の従業員及びインターンシップ履修学生の個人情報を含む。）を第三者へ漏洩し，または本協定に基づくインターンシップ以外の目的で使用してはならない。

5　前2項に基づく秘密保持義務は，第7条の規定にかかわらず，期限を設けないものとする。

第7条【本契約書の有効期間】

　本契約の有効期間は，＊年＊月＊日から＊年＊月＊日までとする。

第8条【協議解決】

　本協定書に定められていない事項及び本契約書の条項の解釈につき疑義または紛争などが生じた場合，甲・乙両者は誠意を持って協議し円満解決を図るものとする。

第9条【裁判管轄】

　本協定につき紛争が生じた場合には，東京地方裁判所を第一審の専属的合意管轄裁判所とする。

　本協定の締結を証するため本書2通を作成し，各当事者記名捺印の上，各1通を保有する。

年　　　月　　　日

　　　　　　　　　　　　　　　　　　　甲　住所
　　　　　　　　　　　　　　　　　　　　　＊＊株式会社
　　　　　　　　　　　　　　　　　　　　　代表取締役　＊＊＊＊
　　　　　　　　　　　　　　　　　　　乙　住所
　　　　　　　　　　　　　　　　　　　　　＊＊大学
　　　　　　　　　　　　　　　　　　　　　学　長　　　＊＊＊＊

（例）
実習日誌

名前	
学部	
実習先	

実習日： 　　年　　月　　日（　曜日）（　　）日目

実習時間	実働時間 （分）	受入部署	実習・職務の内容

本日の自己評価と理由

4：とてもよく取り組めた 3：よく取り組めた 2：あまり取り組めなかった 1：全然取り組めなかった	自己評価：　　　番 理由：

振り返りと成果・課題について

担当者からのフィードバック

インターンシップ指導担当

（例）

報　告　書

実習先：

実習期間：　　　年　　月　　日〜　　年　　月　　日（実日数　日間）

学生番号

学部学科（専攻）：

名前：

1.　インターンシップの実習内容（概要）

2.　インターンシップ参加前に設定した目標

3.　インターンシップ参加前に設定した目標の達成度とその理由

4.　インターンシップの参加を通して得られた学びや気づき

5.　反省や課題

6.　インターンシップでの学びを今後の大学生活でどのように活かすか

索　引

【あ行】

挨拶　93, 104
IT　58
アップデート　41
アルバイト　36
案内　101
ESD　68
ESG　68
ESG 投資　68, 127
E メール　112, 116
インターンシップ　10, 18, 25
　──の起源　15
　──の教育的効果　16, 20, 22, 23, 39, 46, 47
　──の種類　27, 28
　──の推進に当たっての基本的考え方　10, 12, 15, 16, 25, 75, 76
　──の早期化　78
　──の目的　13
　──を始めとする学生のキャリア形成支援に係る取組の推進に当たっての基本的考え方　12, 14, 16
（教育目的の）──　86
インターンシップ先　83
インターンシップ参加率　15, 26
インターンシップ実施状況　75
インターンシッププログラム　34
（良質な）──　38
陰徳善事　69
インプット型　56
SDGs　67, 69, 70, 71
SDGs ウォッシュ　71
SDGs コンパス　70
NPO 法人　37
MDGs　67
エレベーターピッチ　121
エントリーシート　89
エンプロイアビリティ　42
OJT　55, 57
オンラインインターンシップ　28, 29, 120
お辞儀　93

【か行】

会社説明会　29, 33
会社のルール　105
外的キャリア　85
外部適応機能　70
学業理解　47
学習意欲喚起　46
学習行動　63
学習資源　63
学習指導要領　68
学修者　39
学修の質保証　43
学習のねらい　62
学士力　13
学生情報　33

学生と社会人の違い　103
学生との接点　37
学生のニーズ　35
学生の満足感　38
課題解決型インターンシップ　63
課題解決活動　61
カリキュラム　43
企画立案　48
企業の実務　28
企業発見　48
企業文化　83
企業理解　29, 48
擬似体験　27
機密情報　118
機密保持　118
客室業務　57
ギャップ　46
キャリア　85, 86
キャリア・アンカー　85
キャリア意識　22, 42
キャリア教育　18, 23, 75
キャリア形成支援　10, 14, 48
キャリア設計　19
教育活動　74
教育機関（学校）　39
教育基本法　13
教育負担　54
業界・職種・企業研究　46, 88
業務時間　104
教養科目　61
クッション言葉　100
グランド・サービス　58
グループディスカッション　27, 28, 108, 121
グループワーク　27
グローバル社会　83
経営戦略　69, 70
経営理念　69, 70
経験学習　47, 124
敬語　99
掲載サイト　37
経団連　82
ケイパビリティ　40
健康管理　128
言語化　23
現場実践（業務補助）型　28
コア・コンピタンス経営　40
ゴーイングコンサーン　69
航空産業　53, 56
公式文書　109
高等教育　46, 82
行動特性　63
高度な専門性　59
幸福度設計　82
CO-OP　15, 43
国連ミレニアム宣言　67
個人事業者　62
コーディネーター　37
コミュニケーション　93

コミュニケーションツール　109
雇用可能性　43
雇用不安　42
コンテンツ　63
コンピテンシー　40
コンピテンシー採用　40
コンピテンシー・マネジメント　40

【さ行】

サービス　53
　（一定水準の）──　54
サービス産業　53, 59
サービス・ラーニング　43
採用活動　71
採用選考　82
採用と大学教育の未来に関する産学協議会　10, 12, 25, 29, 33, 79, 82
採用目的のインターンシップ　86
産学連携教育　20
参加目的　46, 86
産業支援セクター　62
産業振興　60
産業テーマ　61
三省合意　46, 76
三方よし　69
CSR　67, 69, 70
資格取得　77
資格取得実習　44
自己効力感　39
仕事に就く能力　25
仕事理解　47
自己能力開発　50
自己 PR　90
自己分析　86, 87
自己理解　47, 87
指示　106
事前学習　21, 23, 46
慈善活動（フィランソロピー）　69
事前訪問　21, 97
質問　107
自治体　60
実習効果　53
実践的なプログラム　37
質の高いインターンシップ　13
実利的見地　82
GPIF　69
志望動機　90
社会課題解決　37
社会人基礎力　19, 41
社会的活動　83
社外文書　109
社内スキル　42
従業員教育　71
従業員の満足度　38
就業体験　12, 33
就職活動　35
就職活動の紳士協定　32

シュナイダー 15
守秘義務 118
守秘義務契約書 118
準備期間 46
準備段階（キャリア探索） 18
少子高齢化 60
情報収集 88
情報セキュリティ 29
消滅性 53
職業観育成 46
職業生活の接続 25
職業的実践 43
職業統合的学習 43
職業への移行 43
職場環境 43
職場体験 74, 75
ジョブ型研究インターンシップ 30
自律性 45
シンキング 45
人権 127
人口減少 60
人口流出 60
人材育成 60, 61
人材確保支援 60
新人教育 54
心身状態 40
人生100年時代 39
新卒人材 34
人的活用 83
進路選択 46, 47
席次 101
専門人材 34
スケジュール 103
スタートアップ企業 37
ステイクホルダー 37, 62
ストレス軽減 40
成果発表 124
成果報告会 22
制御体験 40
成功体験 39
成人年齢 83
接客 55
専門スキル 42
戦略的CSR 70
早期選考 29
ソーシャルビジネス 69
即戦力 55
Society5.0 16, 30

【た行】
対価 103
大学院教育 30
大学教育 43
大学生に対する育成 34
大学設置基準 13
大学等におけるインターンシップ
　表彰 19
大学との連携 34
体験教育 55
第三者機関 28
単位化 34, 37

単位外 37
単位認定型インターンシップ 28, 48
短期化 74
地域志向型インターンシップ 63, 65
知的教育受益者 83, 91
地（知）の拠点大学による地方創生推進事業 60
地方回帰 60
地方企業 60, 61
地方創生 60
地方創生インターンシップ 60
地方定着 60, 61
チームワーク 45
中間支援団体 37
中小企業 22, 82
中小企業基盤整備機構 69
長期化 77
長期プログラム 28
低学年インターンシップ 19
定義の見直し 25
電話応対 112
同時性 53
動物行動学 91

【な行】
内的キャリア 18, 22, 85
内部統合機能 70
ナビサイト 88
ニッチ 82
日報（業務日誌） 125
人間環境宣言 67
人間行動学 91
ネットマナー 118
ネットワーク 28
ノウハウ 34
能力開発 46
能力評価基準 40

【は行】
パーパス（（企業の）存在意義） 70
働き甲斐 57
働く意味 51
発達課題 75
パフォーマンス（業績） 42
パンデミック 120
汎用的なコンピテンシー 41
汎用的能力・専門活用型インターンシップ
12, 13
ビジネス文書 109, 125
PDCA 51
ピアメンター 22
ヒアリング調査 56
PC環境 120
ビジネスマナー 21
品質的特徴 53
ファシリテーター 54
フィードバック 22, 33
VUCA 16, 39

フィールドワーク教育 43
付加価値 42, 56
ブランド 37
振り返り 47, 124
プレゼンテーション 121
プログラム 19, 23
プログラム・フォーマット 21, 23, 46
プログラム開発 20
プロジェクト 28
文化芸術活動支援（メセナ） 69
文章作成マナー 89
分析力 28
ベンチャー企業 37
変動性 53
報告書 124
報・連・相 106
ポスト・コロナ 10
ボランティア 35

【ま行】
マイセオリー 124
マーケティング 48
マッチング 30, 34, 37
マナー 101
マニュアル 21, 54
マルチジョブ化 57
身だしなみ 95
魅力 54
魅力行動 91
魅力発信 34
無形性 53
名刺交換 101
目的意識 46
モチベーション 29

【や行】
やりがい 22
UNESCO 68
幼稚園教育要領 68
4つのタイプ（類型） 29, 30, 46

【ら行】
リアリティ・ショック 88
理解の促進 34
リカレント教育 54
リスク 21
リーダーシップ 28
リフレクション 41, 47, 63
リモートワーク 29, 65
履歴書 89
礼状 122
労働市場（企業） 39
労働実態 57
労働力確保 43
ロールプレイング 56
ワーケーション 65

【わ行】
WiFi環境 120
1dayインターンシップ 25, 79

執筆者紹介

〈編著者〉

古閑　博美（こが　ひろみ）　担当：巻頭言，実践編 1, 7, 28
　　学校法人練馬みどり学園 田柄幼稚園　園長／元　嘉悦大学ビジネス創造学部教授・嘉悦大学付属地域産業文化研究所所長

牛山　佳菜代（うしやま　かなよ）　担当：第 3 章，実践編 13, 14, 15, 27，ワークシート，資料
　　目白大学メディア学部　教授・学務部長（進路担当）

〈著者〉＊執筆順

山口　圭介（やまぐち　けいすけ）　担当：第 1 章
　　玉川大学教育学部・玉川大学大学院教育学研究科教職専攻　教授

松坂　暢浩（まつざか　のぶひろ）　担当：第 2 章，第 8 章，実践編 2, 6, 16, 17, 24, 25, 26，ワークシート，資料
　　山形大学学術研究院（学士課程基盤教育機構）　准教授　キャリアサポートセンター長

山本　美奈子（やまもと　みなこ）　担当：第 2 章，実践編 2, 6, 16, 17, 24, 25, 26，ワークシート
　　山形大学学術研究院（学士課程基盤教育機構）　准教授

今永　典秀（いまなが　のりひで）　担当：第 4 章，実践編 20
　　名古屋産業大学現代ビジネス学部経営専門職学科　准教授・地域連携センター長

手嶋　慎介（てじま　しんすけ）　担当：第 5 章
　　愛知東邦大学経営学部地域ビジネス学科　教授・キャリア支援センター長

二上　武生（にかみ　たけお）　担当：第 6 章，実践編 3，ワークシート
　　工学院大学教育推進機構国際キャリア科　教授・キャリアデザインセンター所長

戸崎　肇（とさき　はじめ）　担当：第 7 章
　　桜美林大学ビジネスマネジメント学群　教授

高瀬　和実（たかせ　かずみ）　担当：第 8 章
　　岩手県立大学　高等教育推進センター（学生支援本部兼務）　准教授

高澤　陽二郎（たかさわ　ようじろう）　担当：第 8 章
　　新潟大学教育基盤機構　助教

柴田　仁夫（しばた　きみお）　担当：第 9 章
　　岐阜大学社会システム経営学環　准教授

上岡　史郎（かみおか　しろう）　担当：第 10 章，実践編 8, 9, 10, 11, 12, 18, 19, 23，ワークシート，資料
　　目白大学短期大学部ビジネス社会学科　教授

眞野目　悠太（まのめ　ゆうた）　担当：実践編 4, 5, 21, 22，ワークシート
　　TOiRO 株式会社 代表取締役／ Miraiship 代表

井﨑　美鶴子（いざき　みつこ）　担当：実践編 8, 9, 10, 11, 12, 18, 19, 23，ワークシート
　　目白大学短期大学部ビジネス社会学科　専任講師

最新インターンシップ
――ニューノーマル時代のキャリア形成

2023年1月20日　第一版第一刷発行　　　　　　　◎検印省略

編著者　古閑　博美
　　　　牛山佳菜代

発行所　株式
　　　　会社　学　文　社
発行者　田　中　千　津　子

郵便番号　　　　　153-0064
東京都目黒区下目黒3-6-1
電　　話　03(3715)1501 (代)
https://www.gakubunsha.com

Printed in Japan
印刷所 新灯印刷株式会社

ISBN 978-4-7620-3214-1